Boko Pascal AKABASSI

DE LA GUERRE A LA PAIX DURABLE

Boko Pascal AKABASSI

DE LA GUERRE A LA PAIX DURABLE

Urgence d'une géopolitique multipolaire à la lumière de Ap 21, 22-22,5.

Éditions Croix du Salut

Imprint

Cover image: www.ingimage.com

Publisher:
Éditions Croix du Salut
is a trademark of
Dodo Books Indian Ocean Ltd. and OmniScriptum S.R.L publishing group

120 High Road, East Finchley, London, N2 9ED, United Kingdom
Str. Armeneasca 28/1, office 1, Chisinau MD-2012, Republic of Moldova, Europe
Printed at: see last page
ISBN: 978-620-3-84617-1

DE LA GUERRE À LA PAIX DURABLE.
URGENCE D'UNE GÉOPOLITIQUE MULTIPOLAIRE À LA LUMIÈRE DE AP 21, 22-22,5.

De la guerre à la paix durable

Urgence d'une géopolitique multipolaire à la lumière de Ap 21, 22-22,5.

SIGLES ET ABREVIATIONS

LIVRES BIBLIQUES	
Ac	Actes des Apôtres
Ag	Aggée
Am	Amos
Ap	Apocalypse
1 et 2	Première et Deuxième
Cor	Épîtres aux Corinthiens
Col	Épîtres aux Colossiens
Dn	Daniel
Dt	Deutéronome
Ep	Épîtres aux Éphésiens
Ex	Exode
Ez	Ézéchiel
Gal	Épître aux Galates
Gn	Genèse
Hb	Épître aux Hébreux
Hen	Hénoch
Is	Isaïe
Jb	Job
Jc	Épître de Jacques
Jg	Juges
Jn	Évangile selon Sain Jean
Jr	Jérémie
Lc	Évangile selon Saint Luc
Mc	Évangile selon Saint Marc
Mt	Évangile selon Saint Matthieu
Nb	Nombres
Os	Osée

De la guerre à la paix durable

Urgence d'une géopolitique multipolaire à la lumière de Ap 21, 22-22,5.

1 et 2P	Première et Deuxième Épîtres de Saint Pierre
Ph	Épître aux Philippiens
Pr	Proverbes
Ps	Psaumes
1 et 2R	Premier et Deuxième livres des Rois
Rm	Épître aux Romains
Sg	Sagesse
Tb	Tobie

AUTRES SIGLES ET ABREVIATIONS

A.T	Ancien Testament
Art.	Article
Cf.	Confère
N.T.	Nouveau Testament
V.	Verset
VV.	Versets
BiH	Biblioteca Herder
BiSe	The Biblical Seminar
BNTC	Black's New Testament Commentaries
CEv	Cahiers évangile
CNT(N)	Commentaire du Nouveau Testament (Neuchâtel: Delachaux & Niestlé)
CSB	Studi biblici (Bologna)
CTNT	Commentario Teologico del Nuovo Testamento
EtB	Études Bibliques
FB.B	Facet Biblical Series
NThG	Neue theologische Grundrisse
SBFA	Studii Biblici Franciscani analecta
SBL.	Society of Biblical Literature
SBL.MS	Society of Biblical Literature
SPIB	Scripta Pontifici Instituti Biblici
SRivBib	Supplementi alla Rivista Biblica

De la guerre à la paix durable

Urgence d'une géopolitique multipolaire à la lumière de Ap 21, 22-22,5.

SRS	Studies in Religion and Society
StBi	Studi biblici (Brescia)
SubBi	Subsidia Biblica
TGr.T	Tesi Gregoriana. Teologia
ThHK	Theologischer Handkommentar zum Neuen Testament
BRICS	Brézil, Russie, Inde, Chine, Afrique du Sud
ASEAN	Association of Southeast Asian Nations
OCS	Organisation de la Coopération Shanghai
OTAN (NATO)	Organisation du Traité de l'Atlantique Nord (North Atlantic Treaty Organiation)

De la guerre à la paix durable

Urgence d'une géopolitique multipolaire à la lumière de Ap 21, 22-22,5.

De la guerre à la paix durable

Urgence d'une géopolitique multipolaire à la lumière de Ap 21, 22-22,5.

INTRODUCTION GENERALE

1- Les raisons de notre choix de Ap 21, 22-22, 5

Une étude approfondie de l'Apocalypse rend bien compte de son actualité, surtout dans notre contexte de conflits et de guerres, de complots contre l'humanité. D'abord comme littérature de combat, elle mobilise l'engagement responsable et total de l'homme dans la construction d'un ordre nouveau dont Dieu lui-même est l'Acteur Principal. L'Ap 21, 22-22,5 se présente comme une réponse divine aux graves questions géopolitiques de paix, de sécurité, de santé, du bien-être social, de justice et d'équité diplomatiques dans les relations internationales. C'est dans un langage symbolique que notre péricope élabore le narratif d'un monde multipolaire où tous les peuples sont invités à apporter le meilleur d'eux-mêmes à la construction d'un monde de prospérité pour tous. Il s'agit là pour chaque nation et pour tous les continents de verser leurs deniers culturels, économiques, politiques et religieux, au trésor du Tout-Puissant et de l'Agneau qui gouverne toute la création depuis le trône de Jérusalem. D'ores et déjà, la Source d'Eau Vive jaillissant du trône de Dieu et de l'Agneau assure la fécondité écologique et l'équilibre de l'écosystème, les sécurités alimentaires et sanitaires que procure l'Arbre de Vie. L'Apocalypse semble ainsi récapituler la totalité de l'histoire et réconcilier tous les antagonismes qui ont jusque-là meublé le narratif des peuples. Tous les pouvoirs ne subsistent que comme émanation de la toute-puissance de Dieu qui les délègue aux souverains entrevus comme lieutenants et témoins de sa majesté et de son règne universel. Le pouvoir divin, tel qu'il est entrevu ici est une fédération de tous les royaumes et états sous l'égide du Souverain-Suprême. Jérusalem est ici évoquée, non plus comme la Capitale de Juda ou d'Israël, mais une construction symbolique de tous les royaumes de la terre où toutes les nations retrouvent leur entière souveraineté et leur égale dignité. C'est dans la tension quotidienne vers la cohésion et la solidarité internationales, le respect des valeurs naturelles et de a dignité des personnes, que selon la perspective du prophète Isaïe, les rois de la terre feront de leurs épées des charrues et de leurs lances des faucilles, mettant ainsi fin à la guerre.

2-Objectifs à atteindre

Les analyses exégético-théologiques nous permettront de dégager une anthropologie et une géopolitique qui nous aideront à mieux cerner les tenants et aboutissants des grandes mutations de notre siècle. Elles nous permettront d'entrevoir des pistes de solutions favorables à l'émergence d'un monde multipolaire réconcilié. Sur le plan anthropologique, l'approfondissement du concept de la personne, reconduira à la redécouverte de la centralité de l'être humain et de sa dignité aujourd'hui battues en brèche par la tendance presque générale de l'instrumentalisation et de la chosification à l'aune du capitalisme libéral et de l'impérialisme économique, financier et géostratégique. Dès lors, il nous sera plus aisé de prouver que c'est toute la personne humaine dans son rayonnement ontologique et ses aspirations téléologiques qu'il faudra considérer pour élaborer des perspectives plus résilientes et plus durables de paix, de cohésion et de solidarité.

1 Présentation du texte

En considérant la structure septénaire de Pierre Prigent, nous constatons, qu'elle rend compte de la vision géopolitique qui structure tout le livre de l'Apocalypse. Il s'agit successivement des sept lettre aux églises (1,4-3,22), des sept sceaux (4,1-8,1), des sept trompettes (8,2-11,19), des combats de la femme avec le dragon (12,1-14,20), des sept coupes des sept fléaux (15,1-16,21), des sept tableaux sur le châtiment de Rome (17,1-19,10) et des sept visions finales de l'avenir (19,11-22,5). Cette structure encadrée par le passage initial de 1,1-3 et celui final de 22,6-21 fait de l'ensemble une inclusion poétique et liturgique. Il s'agit à la fois d'une lecture imagée du réel historique et sa projection sur un avenir résolument tourné vers la prospérité pour tous. La mention d'Harmaguedon, de Babylone, de Gog, de Magog, des sept collines et celle de la Bête ou du dragon s'estompent et disparaissent au profit d'un champ lexical fait de victoire, du règne définitif de Dieu et de l'Agneau.

L'Ap 21,22-22,5 s'insère bien dans le corpus global de 19,11-22,5 qui décrit la victoire définitive de l'Agneau sur les forces du mal et les royaumes qui jusque-là ont combattu ceux qui lui appartiennent et qui sont ses témoins. Mieux, ce passage reprend et assume les prophéties d'Isaïe et d'Ézéchiel dans leur vision de la primauté de Jérusalem, cité capitale de toutes les nations fédérées.

1.1 Délimitation du texte

De point de vue thématique, les chapitres 21 et 22 portent essentiellement sur la description de la cité de Dieu, la nouvelle Jérusalem. En effet, la description du cadre topographique est dominante, allant du mouvement de la descente du ciel jusqu'à son établissement sur la terre. Notre section advient pour établir la centralité de la ville sainte, parmi les nations dont elle est désormais le pôle d'attraction. Aussi, présente-t-elle la nouvelle législation, celle de sainteté qui gouverne désormais la cité. Si elle s'intéresse particulièrement au fleuve d'eau vive et à l'arbre de vie, c'est pour tracer le cadre écologique de vie et peindre le contexte de sécurité alimentaire et sanitaire désormais ouvert à toutes les nations.

En aval, la suite de notre péricope de 22,6 jusqu'à la fin du livre, le ton parénétique passe de la description à des recommandations de fidélité au contenu du livre et aux promesses de vie faites à ceux qui obéissent. Dès lors, nous pouvons conclure qu'Ap 21,22-22,1-5 constitue une unité littéraire articulée autour de la centralité du temple-palais et de ses législations.

Du point de vue grammatical et logique, le premier verset de notre péricope commence par la particule καί, ayant un sens adversatif. En effet, cette conjonction de coordination vient interrompre la longue description de la beauté, de la splendeur et de la solidité du rempart et des portes de la cité et oriente le lecteur vers ce qui fait la particularité glorieuse de l'intérieur de la cité. La même particule καί en revenant en 22,6 nous introduit à un discours et interrompt de fait la description de l'intérieur de la cité.

Au plan lexical, les 21 premiers versets du chapitre 21 portent sur la descente de Jérusalem, dans sa beauté parée pour son époux, brillante des éclats des pierres et métaux précieux. Par contre, le vocabulaire de 22,6-21 évoque surtout les recommandations morales et éthiques. Dès lors, nous sommes en droit de conclure que notre péricope commence réellement en 21,22 et prend fin en 22,5.

1.2 Le texte grec

22 Καὶ ναὸν οὐκ εἶδον ἐν αὐτῇ· ὁ γὰρ κύριος ὁ θεὸς ὁ παντοκράτωρ ναὸς αὐτῆς
ἐστίν, καὶ τὸ ἀρνίον.
23 Καὶ ἡ πόλις οὐ χρείαν ἔχει τοῦ ἡλίου, οὐδὲ τῆς σελήνης, ἵνα φαίνωσιν αὐτῇ· ἡ γὰρ
δόξα τοῦ θεοῦ ἐφώτισεν αὐτήν, καὶ ὁ λύχνος αὐτῆς τὸ ἀρνίον.
24 Καὶ περιπατήσουσιν τὰ ἔθνη διὰ τοῦ φωτὸς αὐτῆς· καὶ οἱ βασιλεῖς τῆς γῆς
φέρουσιν αὐτῷ δόξαν καὶ τιμὴν τῶν ἐθνῶν εἰς αὐτήν.
25 Καὶ οἱ πυλῶνες αὐτῆς οὐ μὴ κλεισθῶσιν ἡμέρας- νὺξ γὰρ οὐκ ἔσται ἐκεῖ-
26 καὶ οἴσουσιν τὴν δόξαν καὶ τὴν τιμὴν τῶν ἐθνῶν εἰς αὐτήν·

[27] καὶ οὐ μὴ εἰσέλθῃ εἰς αὐτὴν πᾶν κοινόν, καὶ ποιοῦν βδέλυγμα καὶ ψεῦδος· εἰ μὴ οἱ γεγραμμένοι ἐν τῷ βιβλίῳ τῆς ζωῆς τοῦ ἀρνίου.

22,1 Καὶ ἔδειξέν μοι ποταμὸν καθαρὸν ὕδατος ζωῆς, λαμπρὸν ὡς κρύσταλλον, ἐκπορευόμενον ἐκ τοῦ θρόνου τοῦ θεοῦ καὶ τοῦ ἀρνίου.
[2] Ἐν μέσῳ τῆς πλατείας αὐτῆς, καὶ τοῦ ποταμοῦ ἐντεῦθεν καὶ ἐκεῖθεν, ξύλον ζωῆς, ποιοῦν καρποὺς δώδεκα, κατὰ μῆνα ἕκαστον ἀποδιδοὺς τὸν καρπὸν αὐτοῦ· καὶ τὰ φύλλα τοῦ ξύλου εἰς θεραπείαν τῶν ἐθνῶν.
[3] Καὶ πᾶν κατάθεμα οὐκ ἔσται ἔτι· καὶ ὁ θρόνος τοῦ θεοῦ καὶ τοῦ ἀρνίου ἐν αὐτῇ ἔσται· καὶ οἱ δοῦλοι αὐτοῦ λατρεύσουσιν αὐτῷ,
[4] καὶ ὄψονται τὸ πρόσωπον αὐτοῦ· καὶ τὸ ὄνομα αὐτοῦ ἐπὶ τῶν μετώπων αὐτῶν.
[5] Καὶ νὺξ οὐκ ἔσται ἐκεῖ, καὶ χρείαν οὐκ ἔχουσιν λύχνου καὶ φωτὸς ἡλίου, ὅτι κύριος ὁ θεὸς φωτιεῖ αὐτούς· καὶ βασιλεύσουσιν εἰς τοὺς αἰῶνας τῶν αἰώνων.

1.3 Traduction

22 Mais de temple, je n'en vis point en elle (dans la cité) car le Seigneur, le Dieu Tout-Puissant est son temple ainsi que l'agneau.
23 La cité n'a besoin ni du soleil ni de la lune pour l'éclairer, car la gloire de Dieu l'illumine, et son flambeau, c'est l'agneau.
24 Les nations marcheront à (à travers) sa lumière, et les rois de la terre y apporteront de la gloire et l'honneur des nations vers elle.
25 Ses portes ne seront pas fermées au long des jours, car, en ce lieu, il n'y aura plus de nuit là.
26 On y apportera la gloire et l'honneur des nations à elle.
27 Il n'y entrera nulle souillure, ni personne qui pratique abomination et mensonge, mais seuls ceux qui sont inscrits dans le livre de vie de l'Agneau.

22,1 Puis il me montra un fleuve d'eau vive, brillant comme du cristal, qui jaillissait du trône de Dieu et de l'agneau.

2 Au milieu de la place (de la cité) et des deux bras du fleuve, est un arbre de vie produisant des fruits douze fois. Chaque mois il donne son fruit, et les feuilles de l'arbre (destinées) à la guérison des nations.

3 Il n'y aura plus là de malédiction, car le trône de Dieu et de l'agneau sera dans la cité, et ses serviteurs lui rendront un culte,

4 Ils verront son visage et son nom sera sur leurs fronts.

5 Et il n'y aura plus là de nuit, personne n'aura besoin ni flambeau, ni de lumière du soleil parce que le Seigneur Dieu les illuminera, et ils régneront pour les siècles des siècles.

1.4. Structure

1.4.1 : Dieu le Tout-Puissant et l'Agneau, temple et lumière de la cité

L'usage de l'aoriste εἶδον, première personne du singulier du verbe ὁράω est déterminant pour la structure de la péricope. Il s'agit bien sûr de la suite de la vision de la cité de Dieu, mais non plus des aspects extérieurs comme dans les versets précédents (21,1-21) mais des caractéristiques intérieures exprimées par le groupe nominal datif ἐν αὐτῇ (en elle). Le double usage du substantif ναὸν dans le seul verset 22 établit un parallélisme antithétique qui met en exergue la présence physique de Dieu et de l'Agneau à la place du temple. Il en est de même de l'usage au verset 23 de deux substantifs objets génitifs ἡλίου et σελήνης qui sont les deux astres de lumière, l'un pour le jour, l'autre pour la nuit. Leur absence de la cité marquée par la double négation οὐ et οὐδὲ est comblée par le groupe nominal sujet δόξα τοῦ θεοῦ et la proposition nominale λύχνος αὐτῆς τὸ ἀρνίον. A la place du soleil, c'est la gloire de Dieu qui illumine la cité. Aussi l'Agneau remplace-t-il le flambeau. Ce double parallélisme antithétique est de nature à circonscrire le champ de vision dans sa nouveauté absolue. Plus que le temple fait des mains d'hommes et les astres créatures des mains de Dieu, c'est le Créateur lui-même et l'Agneau qui de toute-puissance établissement leur règne définitif dans la cité. Ici, le Tout-Puissant et l'Agneau temple et lumière constituent les traits saillants de la nouveauté absolue de la nouvelle Jérusalem, demeure de Dieu descendue parmi les hommes.

1.4.2 : Jérusalem sainte cité sécurisée, pôle d'attraction des nations et rois

Le verset 24 fait de la nouvelle cité le pôle d'attraction de toute la création de par le rayonnement universel de sa gloire. Mieux, l'histoire de l'humanité est totalement orientée vers la marche à Jérusalem, au palais du Tout-Puissant, le παντοκράτωρ. La double mention du substantif ἔθνος dans les versets 24 (ἔθνη), sujet de l'indicatif futur περιπατήσουσιν et celle au verset 26 objet du verbe futur indicatif pluriel οἴσουσιν (τὴν δόξαν καὶ τὴν τιμὴν τῶν ἐθνῶν), constitue un énoncé. Au verset 27, l'usage particulier de εἰσέλθῃ, subjonctif aoriste actif de εἰσέρχομαι peut s'appliquer au plan géopolitique, à la fois aux nations et à tous les fils d'Israël, tous rassemblés sous l'égide du seul roi de la nouvelle Jérusalem, car le critère de citoyenneté n'est plus le sang mais celui du mérite d'être inscrit dans le livre de l'Agneau. Ainsi, ces constats grammaticaux et logiques nous conduisent à conclure qu'il s'agit dans cette sous-partie du cycle des nations dont nous aurons à discuter davantage dans les parties ecclésiologique et géopolitique.

1.4.3- Le fleuve d'eau de vie et l'arbre de vie

Sur le plan grammatical, le verset 1 du chapitre 22 commence par la particule conjonctive καί et le verbe ἔδειξέν qui viennent marquer une nouvelle étape dans le récit descriptif sur l'organisation interne de la cité. Le sujet du verbe aoriste ἔδειξέν remonterait au 21,9 à l'un des sept anges aux sept coupes remplies des sept derniers fléaux qui invita le visionnaire à voire la Fiancée, l'Épouse de l'Agneau. C'est en effet la seconde fois que le même verbe δείκνυμι se rencontre dans les deux chapitres 21 et 22[1].Ainsi, ce dernier devient une suite de la réalisation de la promesse faite au 21,9 de faire voir l'épouse de l'Agneau.

Cette sous-partie s'articule autour de la thématique de la vie par la répétition du génitif féminin singulier ζωῆς. Il s'agit en effet du fleuve limpide d'eau de vie (ποταμὸν καθαρὸν ὕδατος ζωῆς) et de l'arbre de vie (ξύλον ζωῆς). Il en est de même de la répétition des mots ποταμός dans le verset 1 (ποταμὸν) et le verset 2 (ποταμοῦ), source de vie et de fécondité écologique et cosmique. Le verset 2 en répétant le mot ξύλον (ξύλον/ ξύλου) et καρπός (καρποὺς/καρπὸν) vient spécifier qu'il s'agit bien de l'arbre de vie dans sa situation topographique du milieu de la cité (Ἐν μέσῳ τῆς πλατείας αὐτῆς, καὶ τοῦ ποταμοῦ ἐντεῦθεν καὶ ἐκεῖθεν) et son rôle géopolitique comme source de sécurités alimentaire et sanitaire. Son importance alimentaire est aussi soulignée par sa régularité à fourninir régulièrement et de façon inépuisable de fruits, soit son douze récolte l'année, soit chaque mois (ποιοῦν δώδεκα, κατὰ μῆνα ἕκαστον ἀποδιδοὺς τὸν αὐτοῦ). Mieux, le verset 2 met clairement en lumière la nature téléologique de cet arbre. Ses fruits servent de nourriture pour tous les citoyens de la cité et les feuilles de guérison pour les nations (φύλλα τοῦ εἰς θεραπείαν τῶν ἐθνῶν). Le deux participes actifs présents nominatifs neutres singulier ποιοῦν et ἀποδιδοὺς se présentent comme deux verbes synonymes qui évoquent deux modes complémentaires de production : le fait de d'élaborer (ποιέω) les fruits et celui de les offrir ou de les livrer (ἀποδίδωμι) à manger.

---

[1] La première fois au futur actif (δείξω) en 21,9 et la seconde fois à l'aoriste actif troisième personne du singulier en 22,1.

1.4.4- Les serviteurs citoyens vivent en sécurité pour toujours

Les versets 3 et 5 se servent de parallélismes antithétiques grâce à l'usage négatif du verbe (οὐκ ἔσται) suivi du positif (ἔσται) pour marquer la rupture totale d'un passé d'avec un présent absolument nouveau. En effet, en lieu et place de la malédiction (κατάθεμα), se dressera le trône de Dieu et de l'Agneau (ὁ θρόνος τοῦ θεοῦ καὶ τοῦ ἀρνίου).

Désormais, tous les citoyens recouvrent leur vraie identité, celles de serviteurs (δοῦλοι) destinés à rendre le vrai culte (λατρεύσουσιν αὐτῷ) à Dieu et à l'Agneau. Le verset 4 advient comme une extension du précédent pour préciser davantage la marque d'identification et d'appartenances à la cité. Le nom du Tout-Puissant sera inscrit sur leur front (ὄνομα αὐτοῦ ἐπὶ τῶν μετώπων αὐτῶν) ainsi que celui de l'Agneau. Le verset 5 a une récapitulation conclusive de toute la péricope. En effet, nous y retrouvons la plupart des substantifs importants de notre section : la nuit (νὺξ), n'aura besoin (χρείαν οὐκ ἔχουσιν), flambeau (λύχνου), lumière (φωτὸς), soleil (ἡλίου), le Seigneur Dieu (κύριος ὁ θεὸς), illuminera (φωτιεῖ). Mieux, nous assistons à l'ajout de deux nouveautés absolues. En effet, Il s'agit d'abord pour les de régner (βασιλεύσουσιν) avec Dieu et l'Agneau et ensuite non plus pour un temps limité mais pour l'éternité (εἰς τοὺς αἰῶνας τῶν αἰώνων). Ainsi, l'homme atteindra la plénitude de l'image de Dieu prônée par Gn 1,6-7 et le psaume 8.

2- Portée théologique

Ap 21, 22 - 22,5 récapitule tous les enseignements théologiques de tout le livre de l'Apocalypse. Le combat engagé entre Dieu et les forces du mal aboutit à la victoire de Dieu et de l'Agneau. L'auteur du livre, en proclamant la seigneurie de l'Agneau, consacre définitivement l'avènement d'une ère nouvelle de l'histoire où la gloire de Dieu assure désormais la sécurité et la guérison de tous les hommes. Tout pouvoir est soumis à Dieu et à l'Agneau. Dans cette partie dédiée à la théologie, nous nous limiterons, devant la richesse thématique du texte, aux seules données qui entrent dans le développement de notre thème fondamental : de la guerre à la paix.

2.1 Le Tout-Puissant et Glorieux: source de sécurité et de santé

L'Ap 21,22-22,5 s'inspire de la tradition littéraire et théologique de l'Ancien Testament et des évangiles pour élaborer sa vision de la seigneurie de Dieu et de l'Agneau. Sa perspective porte en elle les empreintes d'une expérience sociétale où le temple de Jérusalem comme lieu de culte populaire semblait avoir disparu. L'universalité de la royauté sur toute la création et tout particulièrement sur les évènements de l'histoire occupera une place de choix. L'Agneau, image du serviteur souffrant est ici victorieux de tous ses ennemis ainsi que de tous ceux qui commettent le mal sous le ciel.

2.1.1 La seigneurie de Dieu (κύριος)

Le mot κύριος est la traduction de la Septante du nom hébraïque de Dieu : יְהוָה (Yahvé). Ce nom est perçu par les Hébreux comme le verbe הָיָה. Il est l'écho, sur les lèvres de l'homme, de la Parole par laquelle Dieu se définit[2]. En effet la scène de la révélation du Nom à Moïse comporte au moins une réinterprétation d'un vocable ancien, et sans doute une transformation matérielle. Elle établit un rapport entre le

[2] Yavhé n'est pas un pronom par lequel l'homme désigne son Dieu ni un substantif qui le situe parmi les êtres, ou un adjectif qui le qualifie par un trait caractéristique. Yahvé est perçu comme un verbe, écho sur les lèvres de l'homme de la parole par laquelle Dieu se définit. Cette Parole est à la fois un refus et un don. Refus de se laisser enfermer dans les catégories de l'homme : אֶהְיֶה אֲשֶׁר אֶהְיֶה (Je suis qui je suis) (Ex. 3, 14). Elle est aussi don de sa présence : אֶהְיֶה עִמָּךְ (Je suis avec toi Ex. 3, 12). Car le verbe הָיָה a un sens dynamique : bien plus que le fait neutre d'exister, il désigne un événement, une existence toujours présente et efficace, un "ad esse" plus qu'esse" simple.
Xavier, Léon Dufour – Jean Duplacy et als, « Yahvé », *Vocabulaire de théologie biblique* (Paris 2013).

nom de Yahvé et la première personne du verbe être הָיָה ,ce nom (Je suis). À [3]אֶהְיֶה est fréquemment associé צְבָאוֹת (הָוָה צְבָאוֹת). Ce titre semble remonter dans l'Ancien Testament au sanctuaire de Siloé (1Sam 1, 3) et s'être attaché spécialement à l'arche (1Sam 4,4). הָוָה צְבָאוֹת désignerait alors le Dieu des armées d'Israël ou plus probablement celui qui règne sur le monde des cieux et des astres[4]. En appelant Dieu κυριος l'auteur de l'Apocalypse lui donne toute la charge théologique de l'Ancien Testament. Il est le Dieu des armées qui a combattu avec les armées célestes contre les forces du mal dans le ciel et sur la terre. Dans notre péricope, il a signé de sa puissance sa victoire finale sur les forces d'insécurité. Tout lui est désormais soumis. Ce vocable est aussi la proclamation même de l'unicité et de la seigneurie universelle de Dieu. Le κυριος, Dieu unique, dispose de toutes les puissances de l'univers et leur donne existence. Le nom de Yahvé est saint, c'est le nom du trois fois saint (1s 6,3) qui suscite auprès des hommes une crainte révérencielle. Il a dû être remplacé par le nom Adonaï[5] qui correspond à l'usage grec de κύριος. La crainte révérencielle du nom de Dieu est l'expression même de la reconnaissance de sa toute puissance. On comprend alors pourquoi l'auteur lui donne comme premier attribut le terme παντοκράτωρ.

---

3 Ex 3,14.

4 Le monde des cieux et des astres était pour les anciens un monde de vivants et pour les religions païennes un monde de dieux.

5 Le nom de Yahvé était trop sacré pour qu'on continue de le prononcer, surtout lorsqu'il s'agit des païens. Ainsi par respect pour le nom divin et pour éviter les profanations païennes, les juifs cessèrent de prononcer le nom de Yahvé. Mais ils continuèrent d'écrire les quatre gammes du tétragramme sacré YHWH mais en intercalant les voyelles du nom qu'ils prononçaient au lieu de Yahvé, אֲדֹנָי le Seigneur. Ces voyelles a, o, a (transcrites eoa) ont donné la forme Yehowah, purement artificielle d'où est venu le Jehova des anciennes traductions françaises

2.1.2- Le Tout -Puissant (παντοκράτωρ)

Le mot παντοκράτωρ est composé de πας (πασα, παν , génitif παντος) qui signifie : tout, tout entier, chaque[6]; et de κρατωρ qui veut dire : fort, puissant[7]. Il traduit l'hébreu שַׁדַּי parfois associé au nom de Dieu, אֵל (אֵל שַׁדַּי)[8]. Dès lors, παντοκράτωρ attribué à Dieu, exprime son omniprésence dans la création. Il est celui qui gouverne sur tout l'univers, visible et invisible. Ainsi l'appellation ὁ θεὸς ὁ παντοκράτωρ évoque donc toute l'histoire du salut qui n'a été qu'une histoire du déploiement de la toute-puissance de Dieu. Aucun aspect de la vie humaine n'échappe à son contrôle et à sa gouvernance. Étant le seul maître de l'histoire qui la conduit providentiellement à son achèvement, lui seul peut clamer tout haut sa parole de victoire définitive : Ἰδοὺ, πάντα καινὰ ποιῶ, « voici, je crée toute chose nouvelle » (Ap 21,5). Dès lors toute l'existence de l'homme repose dans ses mains puissantes. Il n'y a plus de peur, ni de crainte en sa présence. Pour se rendre plus concret et plus proche des hommes il fait descendre du ciel la Jérusalem céleste, le lieu de son séjour parmi les hommes. Il devient dans la cité sainte la protection et la sécurité de tous citoyens. Sa Toute-Puissance est encore attestée par le déploiement de sa gloire dans la cité. Il est un Dieu glorieux.

---

[6] το : il désigne ici l'univers Accompagné du pluriel neutre τα (τα παντα) il se traduit par « toutes choses », « le tout », « l'univers » (cf Rm 8, 32; 1Cor 15, 28 ; Col. 1, 16). Avec l'article masculin pluriel (οι παντες), il désigne les hommes.
Ch.. Georgin, « Πας », *Dictionnaire Grec-Français* (Paris 1961).

[7] Κρατωρ du verbe « κατεω » : être fort, dominer, s'emparer de (Mt 14, 3; Mc 3, 21; Ac 24, 6), être maître de (Ac 27, 13), retenir (Ac 2, 24 ; Ap 2, 25). C'est aussi avoir l'avantage, l'emporter sur, vaincre, triompher, gouverner.
Cf Maurice, Carrez, François, Morel, «κρατωρ », *Dictionnaire Grec-Français du Nouveau Testament* (Paris 1991)..

[8] Gn 17,1.3.8 ; 28,3 ; 35,11 ; 43,14 ; 48,3; 49,25; Ex 6,3; Nb 2,12; 10,19; 24,4.16; Rt 1,20; Jb 5,17; 6,4.14 ;8,3.5 ; 11,7 ; 13,3 ; 15,25 ; 21,15 ; Ez 1,24 ; 10,5 ; 23,21.

2.1.3- La gloire de Dieu: δόξα τοῦ θεοῦ

Le terme δόξα est la traduction grecque du mot hébreu כָּבוֹד. Celui-ci sert à désigner la qualité de ce qui est lourd, pesant. Du verbe כָּבֵד [9] le vocable désigne matériellement le poids, la pesanteur[10], la possession[11]. C'est aussi la lourdeur[12], le collectif nobles[13], le grand nombre[14]. Il est parfois synonyme de splendeur, magnificence[15]. Il désigne aussi la distinction, le respect, la marque d'honneur[16], le siège de l'honneur[17], la richesse[18]. Dans notre péricope comme dans le livre d'Ézéchiel, il s'agit à la fois de la grandeur, de la majesté, de la splendeur et la puissance de Yahvé qui manifestent son règne universel[19]. Ajoutons que כָּבוֹד sert aussi à désigner l'insensibilité du cœur (Ex 9,7)[20].

---

[9] כָּבֵד être lourd, peser (1Sam 5,11), être soumis à la servitude (Ex 5,9), être honoré (Jb 14,21), être dur comme une bataille (Jg 20,34), être insensible de cœur (Ex 9,7). Au niphal : être honoré (Is 49,5), manifester sa gloire (Ag 1,8) ou faire connaître des choses ou actions glorieuses (Ps 87,3), être abondant (Pr 8,24). Au piel , honorer (parents , Ex 20,12 ; Dieu, Is 24,15), rendre insensible le cœur, (1Sam 6,6). Cf Philippe, Reymond, « כָּבֵד », *Dictionnaire d'Hébreu et d'Araméen bibliques* (Paris 1991):173.

[10] Is 22,24

[11] Gn 31,1.

[12] Gn 45,3.

[13] Is 5,13.

[14] Os 9,11.

[15] Is 10,18 ; 35,2 ; Ag 2,3.

[16] 1Sam 6,5.

[17] 1Sam 2,8

[18] 1R3,13.

[19] Ez 1,28 ; 3,12.23 ; 8,4 ; 10,4.18 ; 11,23 ; 43,2.5 ; 44,4.

[20] Et le verbe כבד au niphal parfait נִכְבַּד = avoir du poids, être honoré, (Is. 49, 5), manifester sa gloire (Ag. 1, 8) et כָּבוֹד désigne des choses ou les actions glorieuses (Ps 86, 3)

Cf Philippe Raymond, «כבד », *Dictionnaire d'Hébreu et d'Araméen Biblique* (Paris 1991).

Hauts faits : jugements et signes (Nb 14, 22) : - le miracle de la Mer Rouge (Ex 14, 18) - le don de la manne et celles des cailles (Ex 16, 7). A travers le secours porté à son peuple Dieu révèle sa gloire. Celle-ci devient alors synonyme du salut. (Is. 35,1 - 4 ; 44, 23). C'est la puissance de Dieu au service de son amour et de sa fidélité.

L'œuvre créatrice de Dieu manifeste la gloire de Dieu : sa grandeur et sa puissance. (Ps 29, 3 - 9 ; 97, 1 - 6).

Manifestations : la gloire se révèle ici comme réalité visible. C'est le rayonnement fulgurant de l'Etre divin. Au Sinaï, la gloire de Yahvé prenait l'aspect d'une flamme couronnant la montagne (Ex 24, 15ss ; Dt 5, 22ss). Elle investit le sanctuaire (Ex. 29, 43 ; 40, 34), où elle trône sur l'arche d'Alliance. Elle était étroitement liée à l'arche. Entre cette conception locale cultuelle et la conception ancienne et dynamique, le rapport demeure étroit. Dieu se révèle à son peuple pour le sanctifier et le régir. En outre Isaïe contemple la

De la guerre à la paix durable

Urgence d'une géopolitique multipolaire à la lumière de Ap 21, 22-22,5.

L'auteur de l'Apocalypse unit à la fois l'aspect local, cultuel et dynamique de la gloire de Dieu. Dynamique d'abord, parce que la gloire de Dieu se déploie pour recréer toute chose nouvelle. Dieu révèle sa gloire par le déploiement de sa puissance à faire descendre la Jérusalem Céleste sur terre. Aussi fait-il disparaître le temple de la ville, qui est le lieu par excellence de sa puissance. Le contexte cultuel est d'ores et déjà celui de toute la cité sainte, lieu par excellence de la présence de Dieu sur la terre, son palais. Cette conception de la gloire fait écho à la conception d'Ézéchiel lors du retour de Yahvé dans le temple rénové après l'exil. En effet, il voyait la gloire de Dieu revenir au temple et toute la terre en rayonnait (וְהָאָרֶץ הֵאִירָה מִכְּבֹדוֹ). Cette gloire depuis le temple rayonnait sur la communauté rénovée (Ez. 36, 23ss ; 39, 21-29). Dans notre section, c'est toute la cité qui rayonnait de la gloire de Dieu puisque le temple a complètement disparu pour être remplacé par Dieu lui-même. Et la communauté rénovée, c'est la nouvelle Jérusalem, ouverte à toutes les nations. Ainsi s'accomplissent les prophéties de la dernière partie du livre d'Isaïe. Dieu règne dans la cité sainte, à la fois régénérée par sa puissance et illuminée par sa présence « Debout ! Royaume ! car voici la lumière et sur toi se lève la gloire de Yahvé» (Is 60, 1). Jérusalem se voit érigée en « gloire au milieu de la terre » (62,7 ; Bar 5,3). De Jérusalem la gloire de Dieu rayonne sur toute la terre. Toutes les nations qui viennent à elle en sont éblouies (Is 60, 3).

De ce qui précède, nous pouvons déduire deux caractéristiques de la gloire de Dieu. Celle-ci est d'abord locale. Elle révèle Dieu comme la toute-puissante lumière qui rayonne sur toute la ville de Jérusalem. Elle est d'une clarté éblouissante qui

---

gloire de Yahvé sous l'aspect d'une gloire royale. Le Seigneur siège sur le trône élevé, sa traîne emplissant le sanctuaire, sa cour de Séraphins clamant sa gloire (Is. 6, 1ss) . Celle-ci est un feu dévorant, sainteté qui met à nu la souillure de la créature, son néant, sa radicale fragilité. C'est un feu purificateur et régénérateur qui veut envahir toute la terre. Dans Ézéchiel, la liberté transcendante de la gloire de Dieu l'amène à déserter le Temple (Ez. 11, 22s) pour rayonner sur une communauté rénovée par l'Esprit (Ez 36,23ss ; 39, 21-29)

supplante et rende inutile la lumière du soleil (ἡλίου) et de la lune (σελήνης) ; car ceux-ci ne sont que des créatures, donc des reflets de leur source.

La seconde caractéristique est celle du rayonnement universel. Cette clarté dépasse le cadre restreint de la Jérusalem nouvelle pour atteindre les nations. En celles-ci, elle suscite une décision, une résolution et une mise en marche vers la cité nouvelle, apportant ce qu'elles ont de meilleur. Désormais, toute la gloire et tout l'honneur des nations reviennent au Seigneur. Les rois de la terre apporteront vers la cité la gloire et l'honneur (trésors) des nations (δόξαν καὶ τιμὴν τῶν ἐθνῶν εἰς αὐτήν).

D'ores et déjà, celui qui vit dans la lumière de la cité vit en toute sécurité et paix. D'ailleurs, les portes (πυλῶνες) jadis fermées par peur des dangers de la nuit, et de l'invasion des ennemis envahisseurs resteront toujours ouvertes puisqu'il n'y aura plus de nuit (νὺξ γὰρ οὐκ ἔσται ἐκεῖ)[21]. D'ailleurs la cité bannit les puissances des ténèbres et leurs suppôts, ceux qui commettent la souillure (κοινός)[22], l'abomination (βδέλυγμα), le mensonge (ψεῦδος)[23] (Ap 21, 27). Auparavant, Ap 21,8 avait {tabli un catalogue plus étendu des exclus en citant les lâches (δειλοῖς)[24], aux infidèles (ἀπίστοις)[25], dépravés (ἐβδελυγμένοις)[26], aux meurtriers (φονεῦσιν)[27], les impudiques (πόρνοις)[28], les magiciens (φαρμάκοις)[29], les idolâtres (εἰδωλολάτραις), les menteurs (ψευδέσιν). Ils sont tous destinés à l'étang de feu de la seconde mort (Ap 21.8). Le seul critère de la citoyenneté est d'avoir son nom inscrit dans le livre

---

21 Ap 21,25.

22 κοινός (ή, όν) : ce qui est commun, Ac 2,44; 4,32; Tit 1,4; Jud 3 ; Ce qui est ordinaire, profane, rituellement impur. C'est l'impur, Mc 7,2. 5; Ac 10,14. 28; 11,8; Rm 14,14; Hb 10,29; Ap 21,27.

23 ψεῦδος (ους, τό) : Jn 8,44; Rm 1,25; Eph 4,25; 2 Thess 2,9. 11; 1 Jn 2,21. 27; Ap 14,5; 21,27; 22,15.*

24 δειλός (ή, όν): *lache, timide,* Mt 8,26; Mc 4,40; Ap 21,8.

25 ἄπιστος (ον): Infidèle, incroyant , Mc 9,19; Jn 20,27; Ac 26,8; 1 Cor 6,6; 7,12–15; 14,23f; Ap 21,8.

26 βδέλυγμα, (ατος, τό) abomination, chose dédestable comme l'idolatrie : Lc 16,15 ; Ap 17,4f; 21,27. Cf Mt 24,15; Mc 13,14.

27 φονεύς (έως, ὁ) : meurtrier, Mt 22,7; Ac 3,14; 7,52; 28,4; 1 P 4,15; Ap 21,8; 22,15.

28 πόρνος (ου, ὁ), Des gens qui pratiquent de l'immoralité sexuelle, *de la fornication (* 1 Cor 5,9-11; Eph 5,5; 1 Ti 1,10; Hb 12,16; Ap 22,15.

29 φάρμακος (ου, ὁ) : *magicien Ex 9,11 ; Nah 3,4 ; Ap 21,8 ;* 22,15.*

de l'Agneau (Ap 21,27). C'est le livre de vie où sont inscrits les vainqueurs, les héritiers de la cité (Ο νικῶν κληρονομήσει)[30]. Dès lors le roi sera leur Dieu et et eux seront ses fils (ἔσομαι αὐτῷ θεός, καὶ αὐτὸς ἔσται μοι υἱός). La royauté de Yahvé ne se limite pas au seul cadre circonscrit topographique de la Palestine ou à la population symbolique des 144 mille habitants des douze tribus d'Israël[31] marqués du sceau (ἐσφραγισμένων) de l'Agneau tels que les tribus de Juda, Ruben, Gad, Aser, Nephtali, Manassé, Siméon, Lévi, Issakar, Zabulon, Joseph, Benjamin[32]. L'entrée est désormais accessible à tous les témoins, revenus de la grande épreuve (ἐκ τῆς θλίψεως τῆς μεγάλης). Ce sont ceux qui ont accepté de laver leurs robes et de les purifier dans le sang de l'Agneau (ἔπλυναν τὰς στολὰς αὐτῶν καὶ ἐλεύκαναν αὐτὰς ἐν τῷ αἵματι τοῦ ἀρνίου)[33]. Ils sont une foule immense (ὄχλος πολύς), que nul ne pouvait dénombrer, de toutes nations, tribus, peuples et langues. Ils se tenaient debout devant le trône et devant l'agneau, vêtus de robes blanches et des palmes à la main. A eux seuls est donnée de proclamer : « Le salut est à notre Dieu qui siège sur le trône et à l'agneau » (Ap 7,9). Ils sont ceux-là qui ont soif et qui boiront gratuitement l'eau de vie (ἐκ τῆς πηγῆς τοῦ ὕδατος τῆς ζωῆς δωρεάν)[34].

2.2 portée christologique

La figure du Christ a connu un dévoilement progressif dans le livre de l'Apocalypse sous un double aspect : souffrant et triomphant. Il est désigné dans notre passage par le titre de l'Agneau (ἀρνίον).

---

[30] AP 21,7.

[31] Ap 7,4.

[32] Ap 7,5-8.

[33] Ap 7,14.

[34] Ap 21,6.

2.2.1 L'Agneau et le Tout-Puissant: (ἀρνίον; παντοκράτωρ)

Le terme ἀρνίον est la traduction grecque (LXX) du terme hébreu שֶׂה (agneau) et recouvrait, dans l'Ancien Testament une double connotation, liturgique et pratique intrinsèquement liées. En effet le terme שֶׂה renvoie d'abord à l'Agneau pascal dont le sang avait servi à marquer les linteaux de la porte des maisons où habitaient les Hébreux. Grâce à ce signe, ils étaient épargnés par l'Ange exterminateur qui frappa tous les premiers-nés des Égyptiens (Ex 12, 5)[35].

La connotation pragmatique utilise l'image du שֶׂה pour désigner le serviteur de Yahvé[36]. Dans son abaissement, il se dédie totalement à faire la volonté de Dieu.

Le Nouveau Testament cumulera dans la personne du Christ les deux aspects liturgique et pragmatique. Jésus est le serviteur parfait de Dieu qui de façon libre et responsable donne son corps et son sang pour accomplir la noble œuvre de rédemption[37]. Il est l'agneau sans tache[38], sans péché[39] qui rachète les hommes au prix de son sang (1P 1, 18s ; Ap 5, 19 ; Hb 9, 12-15)[40]. Jésus accomplit la geste de la croix l'après-midi de la veille de la Fête des Agneaux, donc le jour de la Pâque juive[41] à l'heure même où selon les prescriptions de la Loi, on immolait au temple les

---

[35] La tradition juive donne par la suite une valeur rédemptrice au sang de l'Agneau. Grâce à lui, les Hébreux ont été rachetés de l'esclavage d'Egypte pour devenir « nation consacrée », « royaume de prêtre » (Ex 19, 6), liés par une alliance à Dieu et régis par la loi de Moïse.

[36] Jérémie le prophète de Yahvé persécuté par ses ennemis se comparait à « un agneau que l'on mène à l'abattoir ». (Jr 11, 19). Cette image fut ensuite appliquée au Serviteur de Yahvé qui, mourant pour expier les péchés de son peuple, apparaît « *comme un agneau conduit à la boucherie, comme devant les tondeurs, une brebis muette et n'ouvrant pas la bouche* ». (Is 53, 7).

[37] 1P 1,19; Jn 1,29; Ap 5, 6)

[38] Ex 12, 5.

[39] 1P 1,19; Jn 8,46; 1Jn 3,5; Hb 9,14.

[40] Jésus, l'Agneau pascal, a délivré les hommes de la terre (Ap 14, 3), du monde mauvais et de la perversion qui découle du culte des idoles (1P1, 14-18 ; 4, 2s) De cette façon les hommes pourront désormais éviter le mal, le péché (1P1, 15s ; Jn1, 29 ; 1Jn3, 5-9) et former le « royaume de prêtres », la véritable « nation sainte » (1P2, 9 ; Ap 5, 9s ; cf. Ex 19, 6) offrant à Dieu le culte spirituel d'une vie irréprochable (1P2, 5 ; He 9, 14). Ils ont quitté les ténèbres du paganisme pour la lumière du Royaume de Dieu (1P2, 9), accomplissant ainsi leur « exode spirituel ».

[41] Jn 19, 14 ; 18, 28 ; 19, 14 – 31.

agneaux[42]. L'Apocalypse utilise abondamment ce terme (28 fois) pour désigner le Christ. Elle l'a préféré au terme ἀμνός utilisé par l'évangile de Jean et les Actes des Apôtres pour désigner le Christ Agneau. L'auteur de l'Apocalypse se situe bien dans la christologie traditionnelle de Ac 8,32, de Jn 1, 29.36 et de 1P 1,19 faisant de ἀρνίον, l'équivalent de ἀμνός[43].

Les deux conceptions (serviteur souffrant et agneau pascal) figurent donc dans l'Apocalypse. Elles se réfèrent bien à la kénose de Jésus durant toute sa vie terrestre et particulièrement au caractère dramatique de la geste de la croix. L'Agneau (ἀρνίον) est donc perçu dans sa fragilité, son abaissement total au service de la volonté de Dieu.

Mais dans Ap 21, 22-22,5 la valeur figurative de l'Agneau[44] change de ton. Visiblement l'aspect sacrificiel est dépassé, inscrit comme la marque du héros reçue au cours du combat, en vue de la glorification. Établi désormais dans l'espace divin, il est investi de la puissance et de la reconnaissance propres à Dieu. L'œuvre de révélation de l'Agneau s'accomplit dans une sorte de fusion des scènes, voire d'inversion, grâce à quoi s'efface tout écran et s'annule tout effort d'illusion. En effet

---

42 Saint Jean l'Evangéliste en fait une belle description selon le rite de l'immolation des agneaux. En effet, après la mort de Jésus, on ne lui rompit pas les jambes, comme aux autres condamnés (19, 33), selon la prescription rituelle juive à propos de l'agneau pascal (Jn 19, 36 ; Cf. Ex 12, 46).

43 Jn 1, 29. 36 et Ac 8, 32 ainsi que 1P 1, 19 utilisent le terme : « αμνος » ou l'expression « αμνος του θεου » pour désigner le Christ. Ce terme renverrait bien à l'Agneau pascal, car le 4° Evangile développe abondamment le symbolisme de la Pâque (Jn 6, 4 multiplication des pains, 19, 14 : condamnation de Jésus à mort, 19, 36 citation pour démonter qu'en Jésus l'Exode 12, 46 s'accomplit.

44 Par exemple l' « αρνιον » d Ap 5, 9 ferait bien référence à l'agneau pascal. Les Pères latins ont retenu cette lecture. Les Pères grecs préfèrent y voir une allusion au serviteur souffrant d'Is. 53, 7. Cette interprétation a la faveur de beaucoup d'exégètes. De nombreux arguments étayent cette interprétation d'Is 53, 7 où le Serviteur reçoit le qualificatif d' « αμνος » est appliqué à Jésus en Ac 8, 32, en Is 53, 4 – 12. Il est dit du serviteur qu'il porte (φερει) sur lui le péché des multitudes (cf. Jn 1, 29b). Le caractère expiatoire de la souffrance et de la mort de Jésus est possible en 1Jn 3,5, passage qui emploie le verbe « αρειν ». D'autre part, Jn 12, 38 comporte une citation d'Is 53, 7 pour désigner le serviteur : « προβατον » et « αμνος ». Ce serviteur représente pour les uns un homme (exemple : Jérémie) pour d'autres la collectivité, Israël. Aussi bien, n'est-il pas impossible que Jn 1, 29.36 se réfère à l'agneau pascal et au serviteur souffrant d'Isaïe. Cf.. Collectif, Petit Dictionnaire de la Bible, éd. Brepols/ et Verbum Bible, Paris 1996 Art. : « Agneau ».

la tension entre la passion et la résurrection prend fin. L'auteur proclame un Agneau céleste victorieux, en lui accordant de nouveaux attributs.

Il est important de noter que l'Agneau partage la toute-puissance avec le Seigneur Dieu puisqu'il est avec lui le temple (ναός) de la cité. Le vocable ναός traduit le mot hébreu הֵיכָל qui signifie temple et palais. Il correspond chez le prophète Ézéchiel au vocable בַּיִת (maison, demeure, temple) évoquant le temple de Jérusalem[45]. Ainsi, l'Agneau est intronisé avec le Seigneur Dieu Tout-Puissant dont il partage la souveraineté universelle. Cette perspective du pouvoir est bien consacrée en Ap 22,2 par l'expression ἐκ τοῦ θρόνου τοῦ θεοῦ καὶ τοῦ ἀρνίου (du trône de Dieu et de l'Agneau).

2.2.2 Christ Seigneur et Roi (ἐκ τοῦ θρόνου τοῦ θεοῦ καὶ τοῦ ἀρνίου)

De l'abaissement total, l'Agneau accède à la royauté. Désormais assis sur le trône de Dieu, il partage la même nature, la même puissance et la même gloire. (Ap 22, 1.3). C'est du trône commun de Dieu et de l'Agneau que jaillit le fleuve d'eau de vie. (Ap 22,1). Ainsi « l'Agneau, d'abord bénéficiaire de ce rétablissement de la vie, s'identifie maintenant à son principe secret, sa loi cachée, sa parfaite visibilité. Son accès au trône de Dieu et son investiture céleste sont identiquement sa désignation comme opérateur de manifestation universelle du VRAI caché ou masqué »[46].

La proclamation de la victoire et de la Seigneurie de l'Agneau commencée depuis le premier chapitre de l'Apocalypse atteint ici son paroxysme.[47.] Partageant le même trône que Dieu, Créateur et Roi de l'univers, il mérite les titres de gloire et de

---

[45] Ez 43,12*2 ; 44, 4.5.

[46] Pierre Fruchon « Sur l'interprétation des apocalypses », *Apocalypses et Théologie de l'espérance,»* (Lectio Divina 95; Paris 1977) :356.

[47] 2 - Tous les titres glorieux donnés au Christ atteignent ici leur pleine expression :
- Κυριος : (Seigneur) 23 fois utilisés dans le livre l'Apocalypse.
- Ιησους : 14 fois
- Χριστος : 8 fois. Il est le Prince des Rois de la terre (1,5), le Roi des peuples (15, 3) ; le Seigneur des Seigneurs (19, 16 ; cf 1Tm-, 15).

majesté dans ses rapports avec les rois et les nations. L'auteur de l'Apocalypse développe ainsi ce que A. Lapple appelle une *« christologie d'élévation »*[48]. D'ores et déjà, le Christ présent au cours de l'histoire des hommes, est la Providence même qui assure la sécurité et le bonheur de tous les hommes. Tous les rois des nations deviennent ses serviteurs apportant le meilleur d'eux-mêmes à la cité. C'est là qu'ensemble avec les élus, ils célèbrent la gloire de Dieu et de l'Agneau. Et la gloire de l'Agneau, c'est le rayonnement de sa puissance divine, lumière de la cité.

2.2.3- Christ : Lumière et Lampe (φῶς et λύχνος)

Le terme φῶς traduit bien ici le mot hébreu אוֹר, la lumière du jour. Le Christ se présente ici dans une double fonction. Il est la lumière, c'est-à-dire le déploiement parfait de la gloire de Dieu. Des rayons de sa puissance, il éclaire toute la cité nouvelle. Aussi exerce-t-il un rôle missionnaire à l'égard de tout l'univers. En effet, l'auteur entrevoit l'éblouissement des nations à distance par la gloire de l'Agneau. Celles-ci découvriront les vrais mobiles de leurs organisations sociales, politiques, culturelles, religieuses et cultuelles. Et désormais libérés des ténèbres de l'ignorance, des violences, de la magie, du mensonge, de l'injustice, des abominations, des infidélités, des corruptions des meurs, leurs rois de la terre apporteront leurs gloires, honneurs et trésors.

Ainsi, Christ, lumière fait régner la sécurité à l'intérieur et à l'extérieur de la cité. La clarté de sa lumière éclipse celle des astres qui gouvernaient la cité le jour et la nuit : ἥλιος (soleil) et σελήνη (lune) qui selon Gn 1,14-16 étaient des luminaires créés au firmament du ciel pour séparer le jour et la nuit et qui servaient de signes, tant pour les fêtes que pour les jours et les années. Ils étaient les deux luminaires majeurs: le grand luminaire comme puissance du jour (מֶמְשֶׁלֶת הַיּוֹם) et le petit luminaire comme puissance de la nuit (לְמֶמְשֶׁלֶת הַלַּיְלָה), et les étoiles. Ceux-ci jusque-

48 Cf. A. Lapple, p. 247.

là n'ont été que des signes avant-coureurs de la vraie lumière. Dans leur fonction ils n'ont fait qu'entrevoir de façon faible et fragile le rôle de la lumière. En effet, leur plus grande capacité, c'est de pouvoir éclairer. Ainsi permettent-ils de distinguer le bon chemin du mauvais, les atouts des obstacles. Ils éclairent de leur faible éclat (φαίνωσιν).

Leur faible luminosité ne permet pas toujours de distinguer le danger, particulièrement la nuit. C'est pourquoi les portes (πυλῶνες) de la cité restaient jusque-là fermées de nuit. Et dans la tradition juive, elles étaient gardées par des sentinelles et les gardes militaires pour défendre la cité et alerter des dangers imminents. Mais au rayonnement de la gloire (lumière) du Christ, toute la cité est illuminée de l'intériorité la plus intérieure vers l'extériorité la plus extérieure. Le Christ illumine (φωτίζω), de sa gloire la cité nouvelle. Sa présence fait disparaître toutes les ténèbres et ce qu'elles contiennent. Dès lors, il n'y aura plus de place pour la nuit ni pour les œuvres de nuit (Ap 21, 25 ; 22, 5). La gloire de Die u et de l'Agneau rend caduque la lumière du soleil, de la lune et du chandelier.

Le terme λύχνος est la traduction de la Septante du mot hébreu נֵר. Il servait à désigner tantôt la lampe du temple (Ex 25, 37), tantôt la lampe de maison (Pr 31,18) et tantôt Dieu (2Sam 22,29)[49]. Dans le Nouveau Testament, le terme λύχνος désigne la lampe, le flambeau, le chandelier, le candélabre, le porte-lampe[50]. λύχνος symbolise la présence de Dieu dans le temple[51], la fidélité à Dieu et la continuité de la prière du peuple. (cf. Ex. 27, 20ss. 1s 3, 3)[52]. Il est l'expression du dynamisme spirituel d'un peuple qui de toute son âme veille auprès de son Dieu dans la louange et l'action de grâce.

---

49 Cf Philippe Reymond, « λύχνος », *Dictionnaire d'Hebreu et d'Araméen biblique* (Paris 1991).

50 Mt 5,15; 6,22; Mc 4,21; Lc 11,34-36; Jn 5,35; Ap 21,23 ; 22, 5

51 (Ap 21, 23 ; cf. 2S 22, 29.

52 Pour signifier sa fidélité à Dieu et la continuité de sa prière, Israël fait briller une lampe à perpétuité dans le sanctuaire.

Le terme λύχνος évoque donc le chandelier à sept branches qui étant dans le temple ou la synagogue symbolisait une double présence : celle de Dieu à l'homme et celle de l'homme à Dieu. Le Christ lumière de Dieu exerce cette double fonction de la sanctification de l'homme et de la prière de l'homme à Dieu. Il est à la fois Dieu et intercesseur auprès de Dieu. Dès lors, la Seigneurie du Christ, sa royauté universelle, sa toute-puissance s'exerce dans l'histoire des hommes. Tout le secret de la nouvelle ère de l'histoire réside dans les mains de Dieu et de l'Agneau qui règnent désormais sur la création. Ils partagent une même nature, une même puissance et une même destinée dans l'histoire des hommes. Ils laissent couler de leur trône la source d'eau vive.

2.3 Pneumatologie: Eau de vie (ποταμὸν ὕδατος ζωῆς)

La perspective de l'eau vive inspirée d'Ez 47,1-12 semble être une élaboration embryonnaire de la théologie sur l'Esprit-Saint comme troisième personne de la Trinité. Faisant écho à Jn 19,34, l'eau vive renverrait à la vie de Jésus communiquée au monde de son côté ouvert sur la croix. La vocation du chrétien ou de tout homme est de devenir un canal de cette vie auprès du prochain (Jn 7,38).

2.3.1 L'eau de vie et la perspective assumée de l'évangile

Le terme Esprit-Saint (πνεῦμα ἅγιος) n'apparaît pas dans notre péricope. Cependant, il est symbolisé par le fleuve d'eau qui coule du dessous du trône de Dieu et de l'Agneau (Ap 22,1). Une première interprétation s'impose. Cette eau vive (ὕδωρ ζωῆς)[53] selon le sens ordinaire de l'expression[54] signifie la participation à la vie que Dieu possède. Coulant du trône à la fois du Père et du Fils (Dieu et l'Agneau), elle

[53] Cf Joseph BONSIRVEN, op. cit. p. 324.
[54] Ap 7,17; 21,6; 22,17; Jn 7,38s.

peut désigner l'Esprit-Saint. C'est le symbolisme révélé par Jésus en Jn 7,38-39 : ποταμοὶ ἐκ τῆς κοιλίας αὐτοῦ ῥεύσουσιν ὕδατος ζῶντος (De son sein couleront des fleuves d'eau vive)[55]. Et le verset 39 identifie cette source d'eau vive à l'Esprit-Saint: τοῦτο δὲ εἶπεν περὶ τοῦ πνεύματος ὃ ἔμελλον λαμβάνειν οἱ πιστεύσαντες εἰς αὐτόν[56] (Il parlait ainsi à propos de l'Esprit que devrait recevoir ceux qui croiraient en lui).

2.3.2- les sept esprits de l'Agneau et les sept esprits des églises d'Asie

Le pluriel ποταμοὶ (fleuves) utilisé par le quatrième évangile se répercute sur la perspective pneumatologique de l'Apocalypse qui en précise le nombre. Il s'agit des sept esprits des sept églises d'Asie qui se tenaient devant le trône de l'Agneau (ἀπὸ τῶν ἑπτὰ πνευμάτων ἃ ἐνώπιον τοῦ θρόνου αὐτοῦ), des sept esprits de Dieu l'Agneau et les sept étoiles (ὁ ἔχων τὰ ἑπτὰ πνεύματα τοῦ θεοῦ καὶ τοὺς ἑπτὰ ἀστέρα)[57] , des sept lampes ardentes, brulant devant le celui qui possède les sept esprits de Dieu (ἑπτὰ λαμπάδες πυρὸς καιόμεναι ἐνώπιον τοῦ θρόνου, ἅ εἰσιν τὰ ἑπτὰ πνεύματα τοῦ θεοῦ)[58] que représente les sept yeux de l'Agneau immolé, esprits de Dieu en mission sur la terre (τὰ [ἑπτὰ] πνεύματα τοῦ θεοῦ ἀπεσταλμένοι εἰς πᾶσαν τὴν γῆν)[59], En somme, il s'agirait des sept esprit de l'Église ou des sept esprits de l'Agneau (3,1; 5,6).

---

[55] Ap 7,38.
[56] Ap 7,39.
[57] Ap 3,1.
[58] Ap 4,5.
[59] Ap 5,6.

2.3.3- De la sémantique du רוּחַ d'Ézéchiel à la source d'eau vive de l'Apocalypse

Le développement théologique sur le Saint-Esprit reste encore dans l'Apocalypse à une étape embryonnaire[60]. Cela reste normal pour autant que nous savons qu'il assume le patrimoine pneumatologique du livre d'Ézéchiel. L'esprit, le רוּחַ (πνεῦμα) désigne tantôt le vent, tout vent (כָל־רוּחַ)[61] ou le vent de tempête venant du nord (רוּחַ סְעָרָה בָּאָה מִן־הַצָּפוֹן)[62], le côté nord (רוּחַ הַצָּפוֹן)[63] ou le vent d'est ou le coté Est (רוּחַ הַקָּדִים)[64], le coté méridional ou sud (רוּחַ הַדָּרוֹם)[65] , le coté de la mer (רוּחַ הַיָּם)[66] l'esprit des quatre animaux qui guidait les roues du chariot divin (רוּחַ הַחַיָּה בָּאוֹפַנִּים)[67] de façon régulièrement centrifuge vers les périphéries des quatre points cardinaux. Il est aussi utilisé pour identifier l'esprit qui entra dans le prophète après l'ordre de celui qu'il vit au-dessus de la voûte céleste ceint de vermeil et qui lui demandait de se mettre debout (וַתָּבֹא בִי רוּחַ כַּאֲשֶׁר דִּבֶּר אֵלַי)[68] lors de son initiation prophétique et qui le mit debout (וַתַּעֲמִדֵנִי עַל). C'est aussi l'esprit qui le souleva (וַתִּשָּׂאֵנִי רוּחַ וָאֶשְׁמַע)[69] en vision entre ciel et terre et l'emporta (וַתִּקָּחֵנִי)[70] et qui fit entrer le fils d'homme dans le parvis intérieur (וַתִּשָּׂאֵנִי רוּחַ וַתְּבִיאֵנִי אֶל־הֶחָצֵר)[71]. C'est le même esprit comme souffle de vie qui entrera dans les ossements desséchés pour

60 A. Georges et P. Grelot, *Introduction à la Bible, le Nouveau Testament T.4, la Tradition Johannique Paris* Paris 1977) : 45.

61 Ez 5,10.12 ; 12,14 ; 17,21.

62 Ez 1,4 ; 13,13.

63 Ez 42,17.

64 Ez 17,10 ; 27,26 ; 42,16.

65 Ez 42,18.

66 Ez 42,19.

67 Ez 1,20.21 ; 10,17.

68 Ez 2,2 ; 3,24.

69 Ez 3,12 ; 11,1.

70 Ez 3,14 ; 8,3.

71 Ez 43,5.

les faire revivre (מֵבִיא בָכֶם רוּחַ וִחְיִיתֶם)[72]. Il est différent de l'esprit personnel comme principe mental et faculté de sentir, car le fils d'homme allait amer, l'esprit enfiévré (מַר בַּחֲמַת רוּחִי)[73]. Cela est attesté dans Ez 11,5 où Yahvé reproche à la maison d'Israël, leur esprit (רוּחֲכֶם)[74] prétentieux impétueux et arrogant. C'est lui l'Esprit de Yahvé qui tomba (וַתִּפֹּל עָלַי רוּחַ יְהוָה) sur lui, le disposant à écouter ses reproches à à l'impétueuse maison d'Israël[75] lors de son transport vers le déportés. L'esprit est aussi évoqué sous l'image d'une puissance divine qui soulève le prophète dans son transport de Jérusalem auprès des déportés au bord du fleuve Kebar (Ez 3,12-14).

Notre péricope s'appuie sur Ez 47,1-12 pour restituer la vision originelle de l'image de la source de vie jaillissant du seuil du temple rénové de Jérusalem (ὕδωρ ἐξεπορεύετο ὑποκάτωθεν τοῦ αἰθρίου). La description en trois étapes est très pittoresque. La première porte sur la profondeur et la densité du torrent et couvre les versets 1-5. La source jaillissant du seuil du temple (וְהִנֵּה־מַיִם יֹצְאִים מִתַּחַת מִפְתַּן הַבַּיִת קָדִימָה)[76] du côté droit, au sud de l'autel (הַמַּיִם יֹרְדִים מִתַּחַת מִכֶּתֶף הַבַּיִת הַיְמָנִית מִנֶּגֶב לַמִּזְבֵּחַ). La densité de l'eau et la profondeur du fleuve se font expérimenter par immersion progressive en quatre étapes à une distance régulière de mille coudées (אֶלֶף בָּאַמָּה)[77]. La première distance parcourue introduisit jusqu'aux chevilles (אָפְסָיִם), la seconde étape jusqu'au genou (בִּרְכָּיִם)[78], la troisième jusqu'aux reins (מָתְנָיִם)[79] et

72 Ez 37,5.6.

73 Ez 3,14.

74 Ez 11,5 ; 21,12.

75 Ez 11, 5.

76 Ez 47,1.

77 Ez 47,3.

78 EZ 47,4.

79 Ez 47,4.

la quatrième conduit à la densité infranchissable car le fils d'homme ne pouvait le traverser (נַחַל אֲשֶׁר לֹא־אוּכַל לַעֲבֹר)[80].

La seconde étape s'étend du verset 6-12 et se déroule aux abords du torrent. La particule וְהִנֵּה introduit une nouvelle surprise dans la découverte. Il s'agit d'arbres très nombreux (עֵץ רַב מְאֹד) [81] des deux côtés du fleuve (אֶל־שְׂפַת הַנָּחַל) que l'expression מִזֶּה וּמִזֶּה (de chaque côté) vient renforcer dans on usage emphatique. Puis l'attention du lecteur est de nouveau tournée vers le cours du fleuve. Celui descend vers Araba et se jette dans la mer pour que les eaux en soient assainies (הַמַּיִם וְנִרְפּוּ)[82]. Et tout être vivant (נֶפֶשׁ חַיָּה)[83] qui vit partout où arrive le torrent (יָבוֹא שָׁם נַחֲלַיִם) vivra (יְחְיֶה). Il est particulièrement avantageux pour le poisson qui sera très abondant (וְהָיָה הַדָּגָה רַבָּה מְאֹד). Ce sera pour tout le pays une nouvelle ère de croissance professionnelle et économique surtout pour les pécheurs (דַּוָּגִים)[84] qui désormais étendront leurs filets aux séchoirs (מִשְׁטוֹחַ לַחֲרָמִים) depuis En-Gaddi jusqu'à En-Églayim (מֵעֵין גֶּדִי וְעַד־עֵין עֶגְלַיִם). Le poisson sera de la meme espèce que celles de la grande mer, et ils seront très abondants (יִהְיוּ לְמִינָה תִּהְיֶה דְגָתָם כִּדְגַת הַיָּם הַגָּדוֹל רַבָּה מְאֹד)[85]

La troisième étape se focalise sur les arbres. Le constat est très intéressant pour un esprit épris de la protection de l'environnement naturel et de la diététique Ils sont de toutes les espèces les arbres poussant régulièrement du fleuve (עַל־הַנַּחַל), sur les deux rives (עַל־שְׂפָתוֹ מִזֶּה), toutes sortes d'arbres comestibles (כָּל־עֵץ־מַאֲכָל). La densité de la force et la puissance de vie qui les animent leur assurent la pérennité, le dynamisme, la fertilité et la régularité de toutes ses composantes. En

80 Ez 47,5.
81 Ez 47,7.
82 Ez 47,8.
83 Ez 47,9.
84 Ez 47,10.
85 Ez 47,10.

conséquence, ses feuilles ne se flétriront jamais (לֹא־יִבּוֹל עָלֵהוּ) et ses fruits ne s'épuiseront pas (וְלֹא־יִתֹּם פִּרְיוֹ). Ils porteront chaque mois des fruits (לָחֳדָשָׁיו פִּרְיוֹ יְבַכֵּר). Pour l'auteur, la raison de cette fécondité est claire. C'est le fait que les eaux du torrent proviennent du temple (כִּי מֵימָיו מִן־הַמִּקְדָּשׁ הֵמָּה יוֹצְאִים), c'est-à-dire de la maison de Yahvé, sa demeure et son palais. Dès lors, ces arbres sont de nature à transmettre la vie. En effet, les fruits de ces arbres serviront de nourriture (וְהָיָה פִרְיוֹ לְמַאֲכָל) et son feuillage de guérison (וְעָלֵהוּ לִתְרוּפָה).

Trois remarques fondamentales s'imposent à nous à la fin de cette lecture de Ez 47, 1-12. La première est l'usage du singulier propre à ce passage lorsqu'il s'est surtout agi de l'arbre (עֵץ)[86] que le verset 12 identifiera à tout arbre comestible (כָּל־עֵץ־מַאֲכָל). Le même singulier est utilisé pour les êtres vivants ou animal (חַיָּה)[87], les poissons (דָּגָה)[88], les feuilles ou feuillages (עָלֶה)[89] , les fruits (פְּרִי)[90]. Tous ces singuliers ont un sens collectif inspiré par l'unicité de la source qui est unique mais dont le déploiement couvre une dimension plurielle, cosmique et universelle. C'est l'expression de la toute-puissance de la vie symbolisée par le torrent qui déploie constamment le même élan de puissance de vie dans tout ce qu'elle touche ou suscite. Le verset 12 en faisant remonter les causes et les raisons de l'abondance et de la fécondité à la source qui est le temple, demeure de Yahvé, nous permet de déduire qu'il est lui-même est le Dieu de la vie.

---

[86]Ez 47,7.12 : עֵץ (arbre), des arbres très nombreux (עֵץ רַב מְאֹד). LXX a préféré utiliser le pluriel neutre δένδρα, arbres (δένδρα πολλὰ σφόδρα).

[87] Ez 47,9: tout etre vivant ou tous les etres vivants (כָּל־נֶפֶשׁ חַיָּה) : LXX traduit le pluriel πᾶσα ψυχὴ τῶν ζῴων τῶν (tout soufle/esprit des vivants)

[88] Ez 47,9 דָּגָה : poisson. הַדָּגָה רַבָּה מְאֹד (Le poisson sera très abondant) comme au verset 10 dans לְמִינָה תִּהְיֶה דְגָתָם כִּדְגַת הַיָּם הַגָּדוֹל רַבָּה מְאֹד (Il y aura toute espèce de leur poisson aussi très nombreux ...). Le grec aussi adopte le singulier ἰχθὺς (ἰχθὺς πολὺς σφόδρα). Au verset 10, la LXX adopte simplement le pluriel à la fois pour les poissons du torrent et ceux de la mer (ἰχθύες αὐτῆς ὡς οἱ ἰχθύες τῆς θαλάσσης τῆς μεγάλης πλῆθος πολὺ σφόδρα).

[89] עָלֶה : les feuilles ou feuilles (לֹא־יִבּוֹל עָלֵהוּ / ses feuilles ne flétriront pas).

[90] Ez 47,12 : Les fruits (פְּרִי). Ses fruits ne manqueront pas (וְלֹא־יִתֹּם פִּרְיוֹ).

La seconde remarque qui se déduit de ce qui précède est l'usage du verbe sémantique du radical רפא soit comme verbe (רָפָא /guérir, assainir) ou comme substantif (תְּרוּפָה/ guérison). Il est utilisé au verset 8 pour évoquer à la forme niphal parfait, les eaux assainies de la mer (הַמָּיִם וְנִרְפּוּ) et à l'imparfait niphal (הַמַּיִם הָאֵלֶּה וְיֵרָפְאוּ) au verset 9. Il revient au verset 11 à la forme niphal imparfait 12 pour souligner le non assainissement des lagunes et des marais (בִּצֹּאתָיו וּגְבָאָיו וְלֹא יֵרָפְאוּ). Par contre au verset 12, le substantif תְּרוּפָה il est utilisé pour évoquer la santé humaine. En somme, le radical couvre dans le contexte notre péricope l'idée de communiquer la vie, la santé aux hommes et à la nature (ici les eaux). Toutefois une note particulière retient notre attention qui rehausse la puissance du torrent. Il s'agit de la mention du non-assainissement des lagunes et des marais. Les raisons sont simples. Le torrent leur fait conserver leur état parce qu'ils donnent du sel (לְמֶלַח נִתָּנוּ) qui est un élément essentiel dans l'entretient de la vie. Ainsi, l'auteur montre clairement que la puissance de la vie ne remet pas en cause les forces naturelles qui la conservent mais les renforce et les entretient.

La troisième remarque est l'écho de trois chapitres de la Genèse sur le cadre écologique et topographique du récit descriptif. En effet, tandis que Ézéchiel évoque l'abondance des arbres sur chaque rivage (אֶל־שְׂפַת הַנַּחַל עֵץ רַב מְאֹד מִזֶּה וּמִזֶּה)[91] dans un contexte de création par le torrent d'eau, Gn1,11 et 12 la ramènent au cadre global de la création par la parole selon que Yahvé ordonnait à la terre de se couvrir de verdure et d'herbes portant de fruits (תַּדְשֵׁא הָאָרֶץ דֶּשֶׁא עֵשֶׂב מַזְרִיעַ זֶרַע), d'arbres fruitiers qui, selon leur espèce, portent sur terre des fruits ayant en eux-mêmes leur semence (עֵץ פְּרִי עֹשֶׂה פְּרִי לְמִינוֹ אֲשֶׁר זַרְעוֹ־בוֹ עַל־הָאָרֶץ וַיְהִי־כֵן). Ce fut l'œuvre du troisième jour de la création[92]. Quant aux espèces animales Gn 1,20 -21 les présente comme œuvre de l'ordre de Yahvé aux eaux de grouiller de bestioles (יִשְׁרְצוּ הַמַּיִם

---

91 Ez 47,7.

92 Gn 1,13.

שֶׁרֶץ נֶפֶשׁ חַיָּה)[93]. Il les bénit et leur donne l'ordre d'être féconds, de se multiplier, d'emplir l'eau des mers. (פְּרוּ וּרְבוּ וּמִלְאוּ אֶת־הַמַּיִם בַּיַּמִּים)[94]. C'est alors que le cinquième jour au verset 22, Gn 1,24-25 achèvera la création de toutes les espèces d'animaux, de bestioles le même jour. Ez 47,9 reprend la même expression נֶפֶשׁ חַיָּה׀ אֲשֶׁר־יִשְׁרֹץ , exprimant le foisonnement des animaux comme fruit de d'assainissement du torrent. Les poissons seront très abondants (הָיָה הַדָּגָה רַבָּה מְאֹד) et selon le verset 10 de même espèce que les poissons de la Grande mer (יִהְיוּ לְמִינָה תִּהְיֶה דְגָתָם כִּדְגַת הַיָּם הַגָּדוֹל רַבָּה מְאֹד)[95] car là où cette eau pénètre, elle assainit (כִּי בָאוּ שָׁמָּה הַמַּיִם הָאֵלֶּה וְיֵרָפְאוּ), et la vie se développe partout où elle va (וָחָי כֹּל אֲשֶׁר־יָבוֹא שָׁמָּה הַנָּחַל)[96].
Quant au torrent, il prend dans le second récit de la création en Gn 2,6 la forme d'un flux ou ruisseau (אֵד) que la LXX appelle πηγή et qui montait de la terre pour irriguer tout le sol (יַעֲלֶה מִן־הָאָרֶץ וְהִשְׁקָה אֶת־כָּל־פְּנֵי־הָאֲדָמָה). C'est alors que YHWH planta un jardin en Éden à l'orient pour y placer l'homme modelé[97] et fit pousser (וַיַּצְמַח)[98] de tout arbre d'aspect attrayant et bon à manger (כָּל־עֵץ נֶחְמָד לְמַרְאֶה וְטוֹב לְמַאֲכָל), l'arbre de vie au milieu du jardin (וְעֵץ הַחַיִּים בְּתוֹךְ הַגָּן) et l'arbre de la connaissance de ce qui est bon ou mauvais (וְעֵץ הַדַּעַת טוֹב וָרָע) et prescrivit à l'homme la possibilité de manger de tout arbre du jardin (מִכֹּל עֵץ־הַגָּן אָכֹל תֹּאכֵל:)[99] sauf l'arbre de la connaissance du bien et du mal qui conduit à la mort (מֵעֵץ הַדַּעַת טוֹב וָרָע לֹא תֹאכַל מִמֶּנּוּ כִּי בְּיוֹם אֲכָלְךָ מִמֶּנּוּ מוֹת תָּמוּת:)[100]. Gn 2,10 évoque un fleuve (נָהָר/ ποταμός) sortant d'Éden pour irriguer le jardin et qui de là se partageait pour former quatre

93 Gn 1,20.
94 Gn 1,22.
95 Ez 47,10.
96 Ez 47,9.
97 Gn 2,8.
98 Gn 2,9.
99 Gn 2,16.
100 Gn 2,17.

bras (צֵא מֵעֵדֶן לְהַשְׁקוֹת אֶת־הַגָּן וּמִשָּׁם יִפָּרֵד וְהָיָה לְאַרְבָּעָה רָאשִׁים)[101] : Pishôn[102], Guihôn[103], Tigre[104], l'Euphrate[105].

La manducation de l’arbre de la connaissance en Gn 3,6 a valu à Adam et Ève d’être chassés du jardin pour leur éviter de manger de l’arbre de la vie pour vivre pour toujours (מֵעֵץ הַחַיִּים וְאָכַל וָחַי לְעֹלָם)[106]. Par contre, Ézéchiel donne accès à tous les arbres qui sont désormais devenus des porteurs de vie. Toutefois, le livre de l’Apocalypse tout en assumant le patrimoine de Gn 1-3 et d’Ézéchiel réduit l’écosystème de la cité à un seul arbre, celui de la vie qui pousse entre le bras non pas de quatre fleuves comme en Gn 2 mais d’un seul fleuve, celui de l’eau vive.

Notre section d’étude assume tout le patrimoine ézéchélien du temple et de l’eau. Toutefois, il le dépasse en faisant jaillir l’eau non du seuil du temple mais directement du trône de Dieu et de l’Agneau. Et puisque le fleuve jaillit du trône de la souveraineté universelle de de Dieu et de l’Agneau, elle recouvre le caractère pérenne et éternel, c’est-à-dire intarissable. Elle est l’expression de la plénitude de la vie désormais donnée sous forme de boisson, de nourriture et de médicament.

Le verset 22,2 l’exprime bien en évoquant la production abondante et régulière de l’arbre douze fois par an, c’est-à-dire chaque mois (ξύλον ζωῆς ποιοῦν καρποὺς δώδεκα, κατὰ μῆνα ἕκαστον ἀποδιδοῦν τὸν καρπὸν αὐτου) et ses feuilles servent de guérison pour les nations (τὰ φύλλα τοῦ ξύλου εἰς θεραπείαν τῶν ἐθνῶν). Enfin ce pourrait être aussi l'image du baptême qui incorpore au Christ et confère l'Esprit-Saint.

---

101 Gn 2,10.

102 Gn 2,11-12 : Pishôn: c'est lui qui entoure tout le pays de Hawila où se trouve l'or et l'or de ce pays est bon - ainsi que le bdellium et la pierre d'onyx.

103 Gn 2,13 : Le deuxième fleuve s'appelait Guihôn; c'est lui qui entoure tout le pays de Koush.

104 Gn 2,14 : Le troisième fleuve s'appelait Tigre, il coule à l'orient d'Assour.

105 Gn 2,14 : Le quatrième fleuve, c'était l'Euphrate.

106 Gn 3,22.

Toutefois la force expressive de l'image de l'eau vive coulant du dessous du trône de Dieu et de l'Agneau nous permet de dire qu'il s'agit là de la troisième personne de la Saint Trinité : l'Esprit - Saint qui procède du Père et du Fils. Dès lors, nous pouvons reconnaître à notre texte un développement théologique sur le mystère de la Sainte Trinité : Un Dieu en trois personnes : le Père, le Fils et l'Esprit-Saint. « Le père pénètre toute la cité de sa gloire, le Fils l'illumine de sa doctrine, le Saint-Esprit l'arrose et fait partout naître la vie, d'abord par le sacrement de baptême ».[107] La symbolique de l'eau vive dans le mystère de la Sainte Trinité exprime bien la fécondité de l'Esprit qui fertilise le sol de la cité et fait produire à l'arbre de vie des fruits en abondance et des feuilles pour la guérison : c'est l'aspect sotériologique de la péricope.

2.4 Sotériologie et ecclésiologie

La vision de la gloire de Dieu dans son rayonnement universel met en exergue la question de la sotériologie. Celle-ci est davantage développée à travers les images de la source d'eau vive, de l'arbre de vie qui produit des fruits pour la sécurité alimentaire et dont les feuilles servent de guérison. Toutes les nations y ont accès.

2.4.1 Sotériologie: sécurité, guérison et salut

Du substantif grec σωτήρ (sauveur) est issu du verbe σῴζω qui signifie: sauver, secourir, délivrer, libérer, protéger d'un danger comme la mort[108], l'insécurité[109], la maladie, les possessions diaboliques[110]. Il s'agit parfois de la

[107] LE PERE LAVERGNE, op. cit. p. 151.
[108] Mt 14, 30; 27,40. 42.49; Mc 13,20; Lc 6,9; 9,24; Jn 11,12; Ac 27,20. 31.
[109] Jn 12,27; Hb 5,7; Jd 5.
[110] Mt 9,22; Mc 5,23. 28, 34; 10,52; Lc 8,48.50; 17,19; 18,42; Ac 4,9; 14,9; Jc 5,15.

préservation de la mort éternelle, du jugement, du péché et de conduire au salut[111]. La sotériologie est le discours théologique sur « Dieu Sauveur ». Suivant la nature du péril, l'acte de sauver s'apparente à la protection, à la libération, au rachat, à la guérison[112]. Il s'agit particulièrement dans notre passage de l'œuvre de sécurité et de guérison qu'accomplissent Dieu et l'Agneau de par leur puissance. Dieu se passe de tout intermédiaire, fussent-ce les anges combattants ou la hiérarchie communautaire qui organise la garde du temple ou la caste sacerdotale chargée d'offrir les sacrifices pour la guérison.

De par le rayonnement puissant de sa gloire, Dieu disperse les ténèbres de la cité et la protège contre toutes les attaques des forces de la nuit qui sont les ennemis. Aussi, protège-t-il la cité contre les sorciers, les renégats, les menteurs, les injustes, les fornicateurs, les criminels, les puissances occultes, les esprits impurs et leurs suppôts. L'accord du verbe περιπατέω au pluriel περιπατήσουσιν[113] au lieu du singulier avec le neutre pluriel τὰ ἔθνη[114] peut être intentionnellement voulu par l'auteur pour révéler le caractère universaliste de l'œuvre de salut qu'accomplit Dieu dans la nouvelle création. τὰ ἔθνη dépasse le cadre particulier des nations païennes (en hébreu : הַגּוֹיִם). Il servirait alors à désigner dans notre contexte, toutes les nations y comprise la nation juive.

---

111 Mt 18,11; Lc 7,50; Jn 12,47; Rm 11,14; 1 Cor 1,21; 7,16; Tit 3,5; Hb 7,25; Jc 4,12; 5,20; 1 Pr 3,21

112 Par exemple en Hébreu, l idée du salut est exprimée par tout un ensemble de racines qui se rapporte à la même expérience fondamentale : être sauvé = être tiré d'un danger où l'on risquerait de périr. C'est donc à partir d'une telle expérience humaine et en reprenant les termes mêmes qui l'exprimaient que la révélation a expliqué l'un des aspects les plus essentiels de l'action de Dieu ici -bas : Dieu sauve les hommes.

- Josué (יְהוֹשׁוּעַ) : Dieu sauve.
- Isaïe : (יְשַׁעְיָהוּ) : Yahvé est délivrance
- Elisée : (אֱלִישָׁע) : Mon Dieu est le salut
- Osée; (הוֹשֵׁעַ) : Yahvé sauve

Tous ces noms propres sont la racine principale ישע : sauver

113 Ap 21,24.

114 Ap 21,24

De la guerre à la paix durable

Urgence d'une géopolitique multipolaire à la lumière de Ap 21, 22-22,5.

Depuis Jérusalem, la gloire de Dieu attire à elle tous les royaumes de la terre. L'auteur de l'Apocalypse souligne ainsi la dimension missionnaire de la gloire de Dieu et de l'Agneau : une mission de salut universel. Cela s'exerce dans une double dynamique d'aller et de retour, de tension centripète et centrifuge. Dans une dynamique centripète, la gloire de Dieu et de l'Agneau rayonne de l'intérieur jusque vers l'extérieur de la cité et sur toute la création. Elle éclaire les nations, de manière à les décider à se mettre en marche vers le trône de la cité. Dès lors, commence une nouvelle vie. C'est une vie totalement tournée vers l'altérité de Dieu unique source de salut des hommes. Sous la motion de la lumière de la cité, les nations font l'expérience d'un nouvel exode, d'une marche vers Jérusalem. Ainsi portées par la grâce elles et leurs rois montent à Jérusalem : c'est le mouvement centrifuge de la dynamique missionnaire. En entrant dans la cité, ils expérimentent ils expérimentent le bonheur de la paix et de la sécurité et de la vraie guérison. Pour eux, Dieu a dressé un arbre de vie dont les fruits servent de nourriture et les feuilles de guérison (τὸν καρπὸν αὐτοῦ, καὶ τὰ φύλλα τοῦ ξύλου εἰς θεραπείαν τῶν ἐθνῶν)[115].

La sotériologie recouvre particulièrement ici l'aspect de guérison. Le salut est ici l'œuvre de l'arbre de vie (ξύλον ζωῆς). Cet arbre mystérieux se trouve au milieu de la place de la cité et des deux bas du fleuve de vie. Il puise ses énergies du sol fécondé par l'eau de vie.

Nous retrouvons sur la place de la ville et sur les bords du fleuve non plus beaucoup d'arbres fruitiers mais seul l'arbre de vie (Ap 2, 7)[116], celui qui figurait dans Gn 2, 9 ; 3, 22. Interdit pour un temps aux hommes, il est rendu par Jésus-Christ et dans la cité. « Comme dans Ézéchiel, l'arbre qui produit des fruits continuels et des feuilles qui servent de remèdes : un complément précise: pour la cure des nations. On suppose tout un traitement médical à l'usage des Gentils ; les sacrements qui lavent

---

[115] Ap 22,2.

[116] Ap 2,7 : Τῷ νικῶντι δώσω αὐτῷ φαγεῖν ἐκ τοῦ ξύλου τῆς ζωῆς, ὅ ἐστιν ἐν τῷ παραδείσῳ τοῦ θεοῦ (Au vainqueur, je donnerai à manger de l'arbre de vie qui est dans le paradis de Dieu).

les fautes et confèrent des forces »[117]. Dès lors, on comprend la suite du verset 2 du chapitre 22 : « Il n'y aura plus de malédiction».

La maladie des nations consisterait en tout ce qui est indigne de Dieu, indigne de sa gloire, tout ce qui ravale l'homme au rang d'animal, qui dénie en lui l'image de Dieu, tout ce qui met en danger les relations vitales entre Dieu et l'homme. Cette maladie d'abord spirituelle réagit sur l'être physique et moral de l'homme. Elle s'exprime surtout dans la distorsion des rapports d'amour entre Dieu et l'homme, entre l'homme et ses semblables. La rupture d'avec Dieu est source de maladie et de mort. On comprend alors pourquoi l'auteur de l'Apocalypse exige une intégrité de vie dans les relations avec Dieu et les hommes pour quiconque veut entrer dans la cité.

Jean-Pierre Charlier verra dans l'arbre de vie, la croix du Christ: « S'il y a mention de quatre "arbres" dans l'Apocalypse pour désigner les végétaux ordinaires (7, 1.3; 8,7; 9, 4), il y a sept "bois" dont on devine la valeur christologique et staurologique. C'est bien du bois de la croix qu'il s'agit ici et qui devient source d'alimentation permanente pour les saints. Il procure remède et guérison pour les nations. Ainsi, le Christ (le bois de la croix) et l'Esprit (l'eau vive) se conjuguent pour assurer la vie sous la Tente de Dieu la foi trinitaire habitée en plénitude dans la Jérusalem nouvelle »[118].

En somme, Dieu et l'Agneau de par leur présence dans la cité en assurent la sécurité et la vie. Sauveurs de l'humanité Dieu et l'Agneau laissent couler de leur trône la puissance salvatrice de l'Esprit-Saint. Ainsi l'auteur conduit à son paroxysme la révélation de l'œuvre salvifique. Elle est une œuvre trinitaire. Dieu Père, Fils et Esprit-Saint sauve. Le déploiement de l'arbre de vie dans la cité est l'ultime œuvre merveilleuse et le signe de l'achèvement de l'œuvre du salut. Dressé au milieu de la cité, l'arbre de vie rappelle la valeur salvifique de la geste de la croix. Tous ceux qui

117 Joseph Bonsirven,. p. 324.
118 Jean - Pierre Charlier, *Comprendre l'Apocalypse*, Tome II, p. 241.

ont accès à la cité constituent désormais le nouveau peuple de Dieu: l'Église, instrument et sacrement de salut au cœur de la création. La sotériologie débouche donc sur une nouvelle ecclésiologie.

2.4.2 Ecclésiologie

Les sept lettres envoyées aux églises d'Asie Mineure (Ephese, Smyrne, Pergame, Thyatire, Sardes, Philadelphie et Laodicée : Ap 2, 18-3, 22) témoignent de la multiplicité des communautés locales. Malgré le temps et l'espace qui les séparent, elles ont la ferme conviction d'appartenir au même Seigneur qui fait leur force et leur espérance au cœur des tumultes du siècle. L'Église est à la fois présente et eschatologique. L'Apocalypse la présente comme une institution géopolitique. Elle rassemble l'humanité dans un communauté universelle où tous les hommes constituent une même famille et une même fraternité. Appelés à pleine communion avec l'Agneau pour l'avènement d'un monde nouveau, tous doivent s'engager dans le combat pour le bien. L'avènement de l'Eglise ne marque pas la fin de l'histoire mais son orientation définitive vers la plénitude. Et cette plénitude doit se réaliser dans la vie de chaque femme et de chaque homme créés à l'image et à la ressemblance de Dieu. La territorialité géographique cesse d'être la simple terre pour devenir le lieu existentiel de la réalisation de soi, de la tension à la plénitude. A ce titre, chaque citoyen des nations est de principe et de fait citoyen à part entière de la fédération de toute la terre jaillissant des mêmes droits et des mêmes devoirs. Le seul législateur et roi est le Tout-Puissant et l'Agneau qui garantissent la prospérité de tous.

Réalité présente, l'Église est le lieu où se déroule le combat entre le bien et le mal, entre l'Agneau et les forces du mal, entre les serviteurs de Dieu et la Bête. La lutte engagée dans le ciel et sur la terre prend fin avec la victoire de l'Agneau. Le cri de la victoire de Ap 21,5 marque la fin d'une période de l'histoire: « Voici, je fais toute chose nouvelle ». Il s'agit d'un renouvellement total de tout le cosmos : « Alors je vis un ciel nouveau et une terre nouvelle, car le premier ciel et la première terre ont disparu et la mer n'est plus » (Ap 21,1). La plus grande nouveauté réside dans l'avènement de la cité de Dieu, la Jérusalem nouvelle : « Et la cité sainte, la Jérusalem nouvelle, je la vis qui descendait du ciel d'auprès de Dieu comme une épouse qui s'est parée pour son époux.... Voici la demeure de Dieu avec les hommes. Il demeurera avec eux. Ils seront ses peuples et lui sera le Dieu qui est avec eux. » (Ap 21,2-3)

Voilà ainsi lancée de nouveau la destinée de l'humanité. Le mystère de l'incarnation, principe et fin de la nouvelle alliance retrouve à nouveau sa pleine expression tel qu'il a été énoncé dans Jn 1,14 : « Et le verbe s'est fait chair, et il a établi sa tente (ἐσκήνωσεν) parmi nous ». Le trône de Dieu et de l'Agneau et la présence de la source d'eau vive marquent désormais la présence radicale, effective et définitive de Dieu dans l'histoire des hommes.

Le peuple de Dieu ne se limite plus aux seuls fils d'Israël. Il est vrai que l'Apocalypse évoque les 144 milles d'élus. Il s'agit des générations issues des douze tribus d'Israël distinctement nommées par le chapitre 7 comme suit : douze mille la tribu de Juda , douze mille de Ruben douze mille de la tribu de Gad, douze mille de la tribu d'Aser, douze mille, de la tribu de Nephtali, douze mille, de la tribu de Manassé, douze mille, de la tribu de Siméon, douze mille de la tribu de Lévi, douze mille, de la tribu d'Issakar, douze mille de la tribu de Zabulon, douze mille de la tribu de Joseph, douze mille de la tribu de Benjamin (Ap 7,4-8).

Toutefois, le terme τὰ ἔθνη (les nations) ne désigne plus seulement dans notre contexte les nations païennes (הַגּוֹיִם), mais toutes les nations de la terre. Et la vie de la cité est réservée aux véritables serviteurs de Dieu (Ap 22,3), à ceux-là dont les noms sont inscrits dans le livre de vie de l'Agneau (Ap 21, 27). À eux seuls, il est donné de porter sur le front le nom de l'Agneau en signe d'appartenance à lui (Ap 7,3 ; 22,4; 14,1). Outre les 144 mille, le visionnaire pouvait dénombrer une foule immense plus grande, de toutes nations, tribus, peuples et langues, debout devant le trône et devant l'agneau, vêtus de robes blanches et des palmes à la main. Ils viennent de la grande épreuve, ayant lavé leurs robes et les ont blanchies dans le sang de l'agneau, désormais assis sur le trône. C'est lui qui sera pour toujours leur berger qui les conduira vers des sources d'eaux vives (Ap 7,9-17).

> Les élus sont parfois peints sous l'aspect de vérité et de pureté. « Ils ne se sont pas souillés avec des femmes, car ils sont vierges. Ils suivent l'Agneau partout où il va. Ils ont été rachetés d'entre les hommes comme prémices pour Dieu et pour l'Agneau, et dans leur bouche ne s'est point trouvé de mensonge: ils sont irréprochables. » (14, 4-5).

Toutes ces visions théologiques révèlent que les aspirations à la plénitude, ne sont pas pour les hommes des rêves béats mais bien des tensions réelles et historiques qui les portent à l'engagement. Et c'est dans l'effort quotidiennement soutenu à vivre en harmonie avec l'Absolu, le cosmos, la société et soi-même qu'advient la plénitude-don. Une analyse anthropologique de notre péricope nous permettra de voir quelle figure d'homme émerge de l'engagement de la cité de Dieu au creuset des attentes de l'humanité.

3. Portée anthropologique

Le livre de l'Apocalypse a le grand avantage d'entrevoir l'être humain, non pas comme une monade, mais comme une personne, une entité relationnelle. Il se reçoit et s'accomplit dans la dynamique d'une quadruple relationnalité avec l'Absolu, le cosmos, la société et lui-même. Dans une approche holistique, le dernier livre de la Bible l'entrevoit comme une unité-projet en réalisation qui s'accomplit dans un déploiement harmonieux d'unité et une tension constante à l'unité. La présence du Dieu-Roi de l'univers rend possible la plénitude, lui qui crée toutes choses nouvelles (Ap 21,5). Il transforme toutes les puissances antagonistes de l'histoire en potentialités réconciliées pour la paix, la solidarité et la prospérité pour tous.

3.1 Personne humaine et relationalité avec l'Absolu et les hiérophanies

De la guerre à la paix durable

Urgence d'une géopolitique multipolaire à la lumière de Ap 21, 22-22,5.

Le point focal de l'anthropologie de l'Apocalypse est la relationalité avec l'Absolu et les hiérophanies. Il s'agit bien de l'ouverture de la personne avec Dieu qui remodèle l'histoire humaine. Le verbe ποιέω (faire) est le correspondant grec du verbe hébreu עָשָׂה, (faire, fabriquer). A ce stade de l'histoire de l'humanité, il ne s'agit plus de la création comme acte originel originant exprimé par בָּרָא, créer (Gn 1,27), ni du יָצַר, façonner (Gn 2,7) avec l'ingéniosité et la teneur artistique du potier, ou encore le בָּנָה, construire, modeler (Gn 2,22) avec l'intelligence de l'architecte ou du maçon. Il s'agit plutôt d'un acte essentiellement nouveau de perfectionnement. La nouveau création rappelle le contexte décisionnel du verbe עָשָׂה en Gn 1,26 : « Faisons (נַעֲשֶׂה) l'homme à notre image et à notre ressemblance ». Ap 21,5 applique la même allure décisionnelle, comme un acte unique et définitif, réservé à celui qui siège sur le trône : Ἰδού, πάντα καινὰ ποιῶ (Voici, je fais toutes choses nouvelles). Il ne s'agit plus seulement du cosmos originel, de la nature, des plantes, des animaux, du monde minéral mais aussi de l'homme. Cette perception universelle est bien exprimée par le neutre pluriel πάντα. L'être humain qui ressort de cette nouvelle création est investi de la puissance de la vie. Sa destinée est de vivre heureux sous l'égide du Roi rénovateur qui instantanément a signé de sa décision le renouvellement total de la création. Dès lors, il n'y a plus de place pour une destinée malheureuse ou troublée par les forces internes à l'homme lui-même, dévoré par ses désirs, ambitions, volonté de puissance ou caractères inconciliables. La loi inscrite au cœur de sa vie constitue la puissance de plénitude enfouie en lui. De plus, notre péricope, en dressant l'échiquier des valeurs morales révèle à l'homme, le devoir impérieux de structurer son existence dans le moule des exigences légales de la cité. C'est alors qu'il en devient pleinement citoyen.

De plus, l'acte décisionnel du Souverain universel confère définitivement à chaque être humain, une capacitation interne que rien ne peut entraver quelles qu'en soient l'origine et la nature. Ceci nous amène à insister sur l'extériorité de la personne humaine comme une densité invulnérable. En effet, celui qui tient en main les rênes de toute la création fait concourir tout à l'accomplissement total de chaque être humain. Même les puissances hostiles n'ont plus de prise sur celui qui appartient à la cité de l'Agneau. Le vison anthropologique de Ap 21,-22-5 est à la fois optimiste, réaliste et péremptoire. Toutefois, cette assurance de plénitude reste à construire dans le secret d'une communion continue d'épousailles entre l'Esprit et la communauté-épouse qui crient constamment Ερχου, « Viens » (Ap 22,17). L'homme membre de ladite communauté adhère à la rhétorique liturgique de communion en criant Ερχου » ou Αμήν, ἔρχου κύριε Ἰησοῦ, « Viens Seigneur Jésus (Ap 22,20). C'est un dialogue sans cesse fécond où la réponse toujours spontanée de l'Agneau retentit : ἔρχομαι ταχύ ; « Je viens bientôt » (Ap 22,20). Dès lors, la prière, foyer de renaissance et de communion devient puissance d'action et d'accomplissement de soi. Et le cœur de l'homme devient le temple sacré et inviolable tout jaillit sans cesse la liturgie personnelle de communion. Cela engage l'homme à une culture de vie intérieure toujours croissante, au rendez-vous des certitudes d'écoute et de don. Il appert donc que la relationalité avec l'Absolu est le secret de toute fécondité. Sans elle, l'homme tombe dans l'orgueil, l'égoïsme, le matérialisme cruel qui le ferment à tout projet de l'autoréalisation. Il finit par se constituer en absolu pour sombrer dans le l'anarchie, le despotisme envers les autres.

3.2 Relationalité avec le cosmos

La seconde dimension est la relationalité avec le cosmos. L'Apocalypse la fait couvrir deux aspects fondamentaux : l'homme est accueilli dans le cosmos qui participe de la genèse et de la structuration de sa personnalité et l'action de l'homme sur la nature qu'il apprend à découvrir, à nommer, à maitriser, à en faire un univers d'inspirations et de créations culturelles, littéraires, artistiques, médicales, économiques, politiques, religieuses. Les nombreux symboles, métaphores, allégories qui structurent le livre de l'Apocalypse en sont des témoignages très éloquents. Pour mieux entrer dans leur codification et en sonder les signifiés, il faut considérer à la fois le contexte historique des persécutions, la non existence de liberté d'expression et le souci permanent de maintenir le lien permanent entre la nouveauté absolue de la cité de Jérusalem et les prophéties de l'Ancien Testament surtout celles d'Isaïe et Ézéchiel. La référence permanente aux descriptions de la création en Gn 1-3, fournit les champ lexicaux, sémantiques et thématiques originels qui jettent le pont entre le monde des origines et celui suscité par la victoire et l'intronisation de l'Agneau. L'évocation du vent, des montagnes, de l'eau, de la mer, de la terre, du feu, du soleil, de la lune, des étoiles, de la lumière, des animaux, des êtres vivants, des arbres, passe souvent de leur matérialité simple à des niveaux d'expression et de représentations langagières plus élevées pour dire et exprimer le numineux, le métaphysique. Dès lors, tout le livre de l'apocalypse requiert une épistémologie patiente, courageuse et parfois presque initiatique pour entrer dans cet univers de symboliques de densité toujours renouvelées.

Notre péricope s'intéresse particulièrement au fleuve de vie (ποταμός ὕδατος ζωῆς) et à l'arbre de vie (ξύλον ζωῆς). L'eau et l'arbre faisant allusion aux images de l'Éden en Gn 2,4-3 transforme la nouvelle Jérusalem, en lieu par excellence de la réalisation plénière de soi, à l'image de l'Éden (עֵדֶן), traduit en grec par παράδεισος (paradis), c'est-à-dire lieu de délices et de plaisirs, lieu de bonheur, de bénédictions et de plénitude (Gn 2,8). Pour peu que nous nous intéressions à la répétition du génitif ζωῆς (de vie) nous constatons qu'elle est une marque de la centralité la nature au service de la vie. D'abord, les données de la biologie montre aujourd'hui que l'organisme humain adulte est constitué en moyenne de 65% d'eau, ce qui correspond à environ 45 litres d'eau pour une personne de de 70 kilogrammes, à raison d'environ 2,5 litres par jour dont environ 1 litre est apporté par les aliments et 1,5 litre par les boissons pour celui qui fait peu d'effort physique. Sans apport d'eau d'aucune sorte, il ne peut vivre plus de deux ou trois jours ; s'il boit sans manger. Aussi la plus grande part de toute l'eau de l'organisme siège-t-elle à l'intérieur des cellules, puis une partie à l'espace intercellulaire qui sert de réserve aux cellules et aux vaisseaux sanguins. Enfin, le reste est contenu dans le sang et la lymphe, et circule en permanence dans tout l'organisme. Outre la fonction de constituant essentiel des cellules, l'eau participe aux nombreuses réactions chimiques dont le corps humain est le siège, assure le transit d'un certain nombre de substances dissoutes indispensables aux cellules, permet l'élimination des déchets (métaboliques) et aide au maintien d'une température constante à l'intérieur du corps[119].

Eu égard à ces considérations scientifiques, nous découvrons mieux que la vie humaine est tributaire de l'usage constant de l'eau, sans laquelle il ne peut exister. Notons que dans notre péricope, il n'est plus question des grandes eaux des mers, séjour des monstres, des puissances hostiles et des morts (Ap 20,13; 21,1) puisqu'elles ont disparu.

Dans Ap 22,1-2, le fleuve d'eau vive sert non seulement de boisson à toute la cité mais aussi de source de fécondité qui arrose le sol et fait pousser l'arbre de vie. Il le rend capable de nourrir et de guérir toute l'humanité en fournissant du fruit pour nourriture et du feuillage (τὰ φύλλα τοῦ ξύλου) pour la santé (εἰς θεραπείαν τῶν ἐθνῶν). En faisant passer sous silence la présence des animaux dans la cité, l'auteur sembler conférer aux citoyens un régime alimentaire végétarien à l'instar de Gn 1,29.

---

[119] CNRS. « L'eau dans l'organisme ». *Dossier scientifique.* Consulté le 03/03/2023 (https://www.cnrs.fr/cw/dossiers/doseau/decouv/usages/eauOrga.html): 1.

Tous pourront trouver tous les nutriments nécessaires à leur survie. De plus la mention de la régularité de la production de l'arbre de vie souligne le caractère permanent et inépuisable. Il produit des fruits douze fois (ποιοῦν καρποὺς δώδεκα); chaque mois, il donne son fruit (κατὰ μῆνα ἕκαστον ἀποδιδοῦν τὸν καρπὸν αὐτοῦ)[120].

Mentionnons que le cosmos est aussi le cadre environnemental du développement de la pensée, de l'intelligence, de la rhétorique et du narratif historique. L'être humain est non seulement celui qui vit de la nature mais aussi celui dont le devoir existentiel est aussi de faire vivre le cosmos par l'admiration, la contemplation, la louange, la peinture, l'art, la poésie, l'élaboration des métaphores, des allégories, des personnifications. À cet effet, l'Apocalypse fait preuve d'ingéniosité en fixant les événements dans les milieux naturels de la terre, du ciel de la mer, des montagnes. En empruntant l'image des animaux ou des êtres vivants à Ézéchiel et à Daniel, il en fait des instances célestes qui célèbrent le culte de la victoire de l'Agneau. Et tout le livre est porté par le genre apocalyptique de vision avec le verbe ὁράω à l'indicatif aoriste actif comme dans εἶδον, « je vis » (Ap 13,1.11 ; 14,1.6.14) ou l'indicatif aoriste passif dans ὤφθη « apparut » , (Ap 12, 1.3). Aussi, les facultés intellectuelles sont créatrices d'images symboliques qui permettent de sonder et d'exprimer le numineux et les réalités supranaturelles.

3.3 Relationalité avec la société

L'Apocalypse a particulièrement développé les dimensions sociales et politiques de la relationnalité. En effet sa préoccupation primordiale est de décrire

[120] Ap 22,2.

ou de portraire des hommes et des femmes à une époque décisionnelle où ils doivent s'engager soit pour le bien ou soit pour le mal. Le dernier livre de la Bible, n'admet pas de classe intermédiaire faite d'hommes et de femmes tièdes. S'il est reproché à des communautés leur tiédeur, c'est pour leur offrir l'opportunité de se réveiller de leur torpeur pour figurer parmi les serviteurs fidèles de l'Agneau (1,4-3.22). Il s'agit des Communautés d'Ephese, de Smyrne, de Pergame, de Thyatire, de Sardes, de Philadelphie et de Laodicée. Toutes sont appelées à sortir de leurs imperfections pour être comptées parmi les élus dont les noms sont inscrits dans le livre de vie.

Chaque membre est appelé à se savoir solidaire de la destinée communautaire. Dès lors, les dérives individuelles deviennent dangereuses pour l'ensemble. Elles sont de nature rompent la chaîne sociale compromettent gravement les idéaux inscrits en chacun par la culture dans le dessein de constituer le corps social complet et total, un pacte du vivre ensemble. Chacun est un échantillon de l'imaginaire social, un ambassadeur du narratif véhiculé à travers la science, l'art, la technique, la culture, l'économie, la politique et la religion.

Mieux, la relationalité couvre particulièrement la dimension politique de la personnalité. En effet, tout le jeu social s'aligne sur deux blocs antagonistes. du camp de Dieu, Créateur et Roi, et de l'Agneau qui est l'Alpha et l'Omega d'une part et d'autre part de celui des puissances du mal en guerre contre les serviteurs de Dieu. Ces derniers sont les suppôts de Satan, de l'Accusateur, des empires de mensonge. Leur sort est définitivement scellé dans notre péricope. Aucun d'eux n'entrera dans la cité sainte.

Naître et vivre est pour la personne humaine à la fois le processus et le fruit d'un engagement de sa communauté à savoir : famille, la tribu, le quartier, le village, la ville, la nation, le pays, les royaumes, les empires, les fédérations, le continent, les communautés, organisations, coopérations internationales, les groupements, les associations, les coopérations, les organisations. Ces espaces politiques l'accueillent et participent à son accomplissement. À son tour, le citoyen contribue de par ses efforts au perfectionnement de sa communauté. Ainsi, entre l'homme et la société, il existe une osmose, une dynamique d'échanges qui les propulse mutuellement vers l'avenir. Ces échanges vitaux sont fortement axés dans notre péricope sur les principes légaux et éthiques qui régissent la cité.

3.4 Relationalité avec soi-même

Alors que la modernité a de plus en plus tendance à occulter la relationnalité de l'homme avec-lui-même, l'Apocalypse en fait le lieu, le moyen et la force du développement authentique de la personnalité et de l'identité. Cela se comprend bien dans le contexte mythico-religieux et culturel dans lequel tout le récit du livre a été élaboré sur un fond d'appel à la fécondité de la vie intérieure. Il est vrai que les destinataires étaient particulièrement les sept Églises. Mais de façon générale, le message s'adresse à toute l'humanité potentielle de lecteurs ou d'auditeurs qui s'en inspirera pour mieux s'accomplir. À cet effet, l'Apocalypse est avant tout un narratif qui vise à construire des modèles d'hommes et de sociétés mobilisés pour la prospérité, la cohésion, la solidarité et la paix pour tous. Ici, la sainteté peut être interprétée non pas comme une réalité statistique, fixée dans une eschatologie béate, mais plutôt comme une tension dynamique à la plénitude. Elle serait une imitation continue de l'Agneau qui intègre et assume la totalité de l'histoire pour la conduire à sa pleine réalisation. Cette perception de la sainteté et de l'histoire exclut toute idée de millénarisme ou de tendance à fixer la fin des temps. La grande nouveauté de l'Apocalypse est de faire de l'irruption de la demeure de Dieu dans l'histoire, l'inauguration de l'ère de la victoire sur la fatalité où l'homme était plongée de par ses corruptions, ses animosités, son orgueil, son égoïsme, sa volonté de puissance, son esprit de division, de domination et de guerre. D'ores et déjà il se tourne définitivement vers la pleine réalisation de l'image et de la ressemblance de Dieu dont il est enrichi.

Pour mieux cerner le contenu de la relationnalité avec soi, il est important de nous référer à Ap 2,23, citant Jr 17,10 : ἐγώ εἰμι ὁ ἐραυνῶν νεφροὺς καὶ καρδίας « Je suis celui qui scrute les cœurs et les reins ». Le terme νεφρός traduit le vocable hébreu כִּלְיָה utilisé par Jérémie et le Ps 139,13 pour désigner les reins, l'organe de sacrifices d'animaux (Cf Ex 29,13) ou la partie la plus intime, le sanctuaire de la personnalité. Il équivaut à מָתְנַיִם qui signifie hanches, reins (Gn 37,34 ; Jr 1,3 ; Ez 47,4). Quant au mot καρδία, il est la traduction de l'hébreu לֵב (le cœur). C'est avant tout l'organe physiologique du corps humain dont le battement assure la vie[121]. C'est aussi le siège de la vitalité (Ps 22,27), des sentiments et pulsions (Gn 6,6), de la joie (1R 21,7). Il désigne parfois l'esprit, la mentalité, le caractère, la disposition, l'inclination, la loyauté (Gn 6,5; 1Sam 10,26), la détermination, le courage (Gn 42,28), l'intention, le but (Ex 35,34), l'attention, la considération, la compréhension (Gn 31,20) et finalement la personne elle-même (Gn 8,21; 34,3; 1Sam 1,13). Les deux termes νεφρός et αρδία sont donc deux mots synonymes pour désigner l'être intérieur dans sa pensée, ses sentiments, Ils renvoient à l'intériorité la plus intérieure, c'est-à-dire les tréfonds de la personnalité. C'est le foyer de la rencontre d'avec l'Absolu, le laboratoire secret des synthèses des contacts avec le cosmos, la société et même d'avec soi-même. Ces instances qui élaborent l'identité ontologique de chaque personne surgissent comme le foyer embrasé de vertus qui sculpte la personnalité et l'identité à la lumière des enseignements éthiques et juridiques de la cité (Ap 21,27; 22,15). La culture de la vie intérieure préserve contre les conflits. Elle est source de fécondité sociale et de paix durable.

---

121 C'est l'organe physiologique de l'homme (2R 9,24) du crocodile (Jb 41,16). C'est aussi la poitrine (Ex 29,28).

3.5 *Relationalité et hiérophanies*

Il s'agira ici d'analyser les diverses formes de manifestations du sacré ou du surnaturel positifs comme négatifs à travers les anges, les saints, les animaux, les insectes, les éléments de la nature. Ce sont tous des entités dont Dieu et l'Agneau se servent pour révéler leurs desseins sur l'Église, les nations et l'histoire. Beaucoup des figures et images remontent à l'Ancien Testament surtout aux courants prophétiques. Sous leur couvert, c'est l'histoire humaine qui se raconte dont le langage reste intelligible à ceux qui savent s'ouvrir aux réalités célestes, celles des perfections et de la sainteté.

3.5.1 *Les angélophanies et la personnalité*

À lire notre péricope de près, la relationalité de la personne avec l'Absolu ne se limite pas au Tout-Puissant, à l'Agneau et à l'Esprit[122] mais aussi s'étend à toutes les puissances célestes. Si l'auteur a choisi de les taire en Ap 21,22-22,5, c'est probablement pour les trois raisons suivantes. D'abord, il s'agit de toutes créatures destinées à manifester la gloire et la puissance de Dieu. Ensuite, elles interviennent entre terre et ciel pour des missions précises comme celles de la liturgie ou des stratégies militaires. Enfin, comme créatures, elles sont appelées à disparaitre, laissant toute la place à Dieu, Roi de l'univers qui convoque toute l'humanité à un culte direct, donc sans intermédiaires hiérarchiques qui parfois pourraient constituer des voiles ou freins au véritable culte.

Dans la nomenclature des hiérophanies, nous nous intéressons d'abord aux angélophanies, c'est-à-dire aux manifestations du sacré à travers les anges (ἄγγελοι)[123]. Il s'agit avant tout des sept anges des sept églises (ἄγγελοι τῶν ἑπτὰ ἐκκλησιῶν)[124], destinataires des messages. Ils sont aussi désignés comme les sept

[122] Ap 1,10; 4,2; 17,3; 21,10.
[123] Ap 5,2; 7,2; 9,11;10,1.9 ;14.6 ;18,1 ; 19,17 ; 20,1 ; 22,6.16.
[124] Ap 1,20.

étoiles (ἑπτὰ ἀστέρας)[125], que le Christ tient dans sa main tandis que les Églises elles-mêmes sont représentées par des chandeliers (λυχνίαι αἱ ἑπτὰ ἑπτὰ ἐκκλησίαι εἰσίν). Ap 3,1 les associe aux sept esprits de Dieu (ἑπτὰ πνεύματα τοῦ θεοῦ) qui dans l'univers assurent l'omniprésence divine[126]. On pourrait comprendre que l'auteur s'adresse à un mode céleste d'existence, à une présence en Dieu, à la personnalité suprasensible des Églises. Il s'agirait aussi de ces Églises mêmes, en tant que présentes dans la communion du Christ glorifié. En outre, il est possible d'y voir des anges gardiens ou représentants de chaque Église, dans la ligne de la tradition juive qui croit aux anges tutélaires que Jésus évoque lui-même en Mt 18,10 et Paul en Paul en 1Cor 11,10. Enfin, l'évocation des sept esprits de Dieu et des sept étoiles (τὰ ἑπτὰ πνεύματα τοῦ θεοῦ καὶ τοὺς ἑπτὰ ἀστέρας) dans les mains du Christ peut être une allusion à la manifestation de la toute-puissance de Dieu et de sa gloire qui animent les communautés. C'est lui le Christ qui tient en main la destinée de l'humanité qu'il conduit à la plénitude.

L'Apocalypse évoque aussi les quatre anges debout aux quatre coins de la terre (τέσσαρας ἀγγέλους ἑστῶτας ἐπὶ τὰς τέσσαρας γωνίας τῆς γῆς)[127] qui retenaient les quatre vents de la terre, afin que nul vent ne souffle sur la terre, sur la mer ni sur aucun arbre. Ils représentent l'ensemble des anges prêts à lancer, l'offensive de la colère de Dieu. Ils sont envoyés du soleil levant par l'ange qui tient en main le sceau de Dieu[128]. Relâchés, ces anges exterminateurs avaient fait mourir le tiers de l'humanité[129]. Il faut ensuite mentionner les sept anges[130] qui se tiennent devant le

---

125 Ap 1,20.

126 Ap 3,1; 5,6.

127 Ap 7,1.

128 Ap 7,2-3

129 Ap 9,15.

130 Ils sont sept archanges pour les Catholiques et les Protestants dont trois archanges canoniques sont : Michel, Gabriel, Raphael, et quatre archanges canoniques pour les Orthodoxes qui sont : Salathiel, Barachiel, Egoudiel, Uriel. Au départ seuls Gabriël et Michel figuraient dans la tradition biblique. Le premier dont le nom signifie "puissant de Dieu" apparaît essentiellement en Dn 8,16; 9,21 et en Lc 1,19. 26. Vis-à-vis de Daniel, Gabriël est venu comme messager de Dieu pour donner lui donner la nette compréhension de

trône de Dieu (ἑπτὰ ἀγγέλους οἳ ἐνώπιον τοῦ θεου) avec les sept trompettes qui[131] adorent Dieu. L'un d'eux était un véritable thuriféraire[132]. Il se posait près de l'autel avec un encensoir d'or et beaucoup de parfum pour les offrir avec les prières de tous les saints. Son culte provoquait des tonnerres, des voix, des éclairs et un tremblement de terre (Ap 8,3-5). Aussi, est-il important de mentionner les armées célestes (στρατεύματα [τὰ] ἐν τῷ οὐρανῷ) qui suivaient le Prince de justice sur des chevaux blancs, vêtues d'un lin blanc et pur[133]. Leur chef était l'archange Michel (Μιχαὴλ) qui combattit le dragon avec ses anges (Ap 12,7). L'Apocalypse s'efforce ainsi de reconstruire à sa manière la cour céleste de Yahvé de 1R 22,19[134] ou son conseil en Jb 1,6[135], le conseil des saints du Ps 89,8[136], le conseil des dieux du Ps 82,1[137], la solennité du trône de Yahvé parmi les trônes installés dans les cieux, ce trône embrasé de flammes de feu, ayant des roues de feu ardent en Dn 7,9-10[138].

---

visions qu'il avait eues. De même, il fit comprendre à Zacharie et à Marie les intentions divines. Le second qui est Michel dont le nom signifie "Qui est comme Dieu" apparaît dans Dn 10,13.21; 12,1 ainsi que dans Jude 9 et Ap12,7. À part ces deux anges, on n'a pas clairement d'autres noms dans la Bible. Les 5 autres proviennent du livre de Tobie 12,5 spécifiant Raphaël comme l'un des sept saints anges qui présentent les prières des saints et se tiennent devant la présence de la gloire du Saint. Il sera suivi de Hen 20,2-8 qui donne les noms des sept archanges: Uriel, Raphaël, Raguel, Michel, Sariel, Gabriel et Rémiel. Le livre d'Hénoch a finalement exercé une grande influence sur la littérature judaïque et sur les premiers écrivains chrétiens. Ap 8,2 se serait donc inspiré de Hénoch qui fait mention de 7 noms d'anges qui se tiendraient dans la présence de Dieu : Uriel, Raphaël, Raguel, Michel, Sariel, Gabriel et Rémiel. Cf Emmanuel Kambi, « Qui sont les 7 Anges de l'Apocalypse 8,2 ?», *Kambi Ministries : Expliquez-moi la Bible* 16/02 (2022) : 1-2.

131 Alain-Marie de Lassus, « La figure de l'ange thuriféraire en Apocalypse 8 », *Nouvelle revue théologique* 143/ 01 (2021) :15-33 .

132 Ap 8,2.

133 Ap 19,15.

134 1 Rois 22, 9 : « J'ai vu l'Eternel siégeant sur son trône, tandis que toute l'armée des êtres célestes se tenait près de lui, à sa droite et à sa gauche ».

135 Jb 1,6 : « Or, un jour, les anges de Dieu se rendirent au conseil de l'Eternel. L'Accusateur (Satan) vint aussi parmi eux ».

136 Ps 89,8 : « Car c'est un Dieu redoutable au conseil des saints, il est grand, impressionnant au-dessus de tous ceux qui l'entourent ».

137 Ps 82,1: « Dieu se tient au conseil divin, au milieu des « dieux » (fils du Très-Haut), il rend la justice ».

138 Dn 7,9-10 : « Je regardai encore pendant qu'on installait des trônes, un vieillard âgé de très nombreux jours prit place sur l'un d'eux. Son vêtement était blanc comme de la neige et ses cheveux étaient comme la laine nettoyée. Son trône, embrasé de flammes de feu, avait des roues de feu ardent. Un fleuve de feu

3.5.2 *Les anthropophanies et la personnalité*

Le second groupe est celui des anthropophanies où des élus jouissent de la gloire de Dieu. La figure la plus célèbre est celle de la femme (γυνή)[139] vêtue de soleil, couronnée d'étoiles, la lune sous les pas (Ap 12). Elle se présente à la fois comme reine et mère protectrice de l'humanité. Elle semble ne pas appartenir à la cour céleste dans les descriptions des anges et des vieillards. Toutefois, le chapitre 19 lui confère un statut particulier, celui de la reine glorifiée, donc au-dessus de toutes les créatures. Elle est suivie des vingt-quatre[140] anciens (πρεσβύτεροι οἱ εἴκοσι τέσσαρες) [141] qui adorent Dieu devant son trône. Leur nombre évoquerait les douze patriarches fondateurs des douze tribus d'Israël et les douze apôtres ainsi que les 144 000 rachetés. On pourrait aussi établir un parallèle avec les 24 ordres de prêtres dans 1 Chroniques 24.

Ensuite vient la cohorte des saints (ἁγίοι) serviteurs de l'Agneau. Ce sont eux qui ont triomphé de la Bête, de son image et du chiffre de son nom. Ils proclament Dieu Maître-de-tout et Roi des nations (Ap 15,2-3). Ils sont devenus citoyens de la nouvelle Jérusalem après avoir lavé leurs robes et les avoir purifiées dans le sang de l'Agneau. Ils constituent une nouvelle humanité-projet, purifiée du mal, de la corruption et de toute méchanceté (Ap 21,8.27; 22,15).

L'Ap 11,3-11 évoque particulièrement les personnages des deux témoins (δυσὶν μάρτυσίν) vêtus de sacs pour mille deux cent soixante jours. Ils sont les deux

---

jaillissait et coulait devant lui, des millions d'êtres le servaient, et des centaines de millions se tenaient debout devant lui. La cour de justice prit place et l'on ouvrit des livres ».

139 Ap 12,1.6 ; 17,4.9.18 ;19,7.

140 La symbolique des 24 doit aussi probablement nous faire penser aux 12 patriarches fondateurs d'Israël et aux 12 apôtres et aussi aux 24 ordres de prêtres d'un 1 Chroniques 24.

141 Ap 19,4.

oliviers (δύο ἐλαῖαι) et les deux chandeliers (δύο λυχνίαι) qui se tiennent devant le Seigneur de la terre. Ils sont protégés par le feu qui sort de leur bouche et dévore leurs ennemis. Ils détiennent le pouvoir de fermer le ciel, et nulle pluie n'arrose les jours de leur prophétie. Ils ont le pouvoir de changer les eaux en sang et de frapper la terre de maints fléaux, autant qu'ils le voudront. Mais ils finiront par périr dans le combat contre la bête qui monte de l'abîme. Leurs corps resteront sur la place de la grande cité qu'on nomme prophétiquement Sodome et Égypte, où leur Seigneur a été crucifié.

L'Apocalypse 6 évoque au cinquième sceau, sous l'autel les âmes de ceux qui avaient été immolés à cause de la parole de Dieu et du témoignage. Ils réclament que justice soit faite, que leur sang versé soit vengé sur les habitants de la terre. C'est alors qu'ils reçurent chacun une robe blanche. Mais ils devront patienter encore un peu, jusqu'à ce que fût au complet le nombre de leurs compagnons de service et de leurs frères, qui doivent être mis à mort comme eux (Ap 6,9-11).

5.3.3 *Les zoophanies et la personnalité*

Le troisième groupe de hiérophanies est constitué des zoophanies, c'est-à-dire des manifestations du sacré à travers des animaux. La première est le groupe des quatre vivants ou animaux (τέσσαρα ζῷα)[142]. Le premier vivant est comme un lion (λέων)[143] ; le deuxième vivant est un jeune taureau (μόσχος) ; le troisième a comme un visage d'homme (πρόσωπον ὡς ἀνθρώπου) ; le quatrième vivant est comme un aigle (ἀετός) en plein vol[144]. Ils renvoient au tétramorphe, aux quatre animaux ailés qui tirent le char dans la vision d'Ézéchiel chapitre 1. Le chapitre 10 du livre du

---

142 Ap 4,10 ; 5,8 .14 ; 11,16 ;19,4.
143 Ap 4,7; 9,8. 17; 10,3; 13,2.
144 Ap 4,7.

prophète d'exil à Babylone les nomme des chérubins[145]. En fait ces 4 créatures combinent les traits de différents types d'anges de l'Ancien Testament comme les séraphins à six ailes d'Isaïe 6 et les chérubins aux yeux multiples d'Ézéchiel 1[146]. S'agirait-il d'êtres angéliques réels ou bien juste d'une vision symbolique comme par exemple avec les quatre animaux de Daniel 7 qui représentent quatre royaumes et non pas quatre animaux. On pourrait peut-être penser qu'il s'agisse d'une vision symbolique bien qu'il doit véritablement y avoir des anges divers et variés autour de Dieu. Il existe certainement plusieurs types d'anges. Le fait que les quatre êtres vivants soient entièrement couverts d'yeux suggère une connaissance panoramique et entière de ce qu'il se passe sur terre ainsi qu'une perception supérieure qui échappe à l'entendement humain. Il peut aussi s'agir d'êtres célestes témoins de la sagesse et de la science que communique leur proximité auprès de Dieu. Ainsi, ils seraient dotés de la faculté de lire et de prédire les réalités futures.

Nous pouvons intégrer à ce groupe les chevaux des sept sceaux. Le premier sceau fait apparaître le premier cavalier monté sur un cheval blanc qui représente la conquête. Le deuxième est celui du cavalier montant un cheval rouge (ou roux) qui représente la guerre ; le troisième, sur un cheval noir qui représente la famine ; le quatrième sur un cheval verdâtre qui représente la mort par l'épée, la famine, ou la peste. Il se présente comme une sorte de synthèse des autres cavaliers (Ap 6,1-8).

5.3.4 *Les cosmophanies et la personnalité*

Le quatrième groupe de hiérophanies est un narratif de cosmophanies, c'est-à-dire des manifestations du sacré à travers les éléments de la nature. Tel est le contenu du sixième sceau le sixième sceau évoquant de grands cataclysmes :

---

145 Des traditions chrétiennes les identifient aux quatre évangélistes : le lion pour Marc, le Taureau pour Luc, l'Homme pour Mathieu, l'Aigle pour Jean.

146 Le nombre d'ailes diffère entre les 4 êtres vivants d'Ézéchiel et ceux de l'Apocalypse, aussi alors que les chérubins d'Ézéchiel ont tous quatre visages, celles de la vision de Jean ont chacun un visage différent

tremblements de terre, le soleil devenant noir comme une étoffe de crin et la lune entière comme du sang ; les étoiles tombant sur la terre, comme fruits verts d'un figuier battu par la tempête ; le ciel se retirant comme un livre enroulé, toutes les montagnes et les îles étant ébranlées. (Ap 6,12-14).

Les évènements cosmiques survenus aux retentissements des sept trompettes sont aussi de véritables bouleversements cosmiques. En effet, la première trompette a provoqué le grêle et le feu mêlés de sang qui brulèrent le tiers de la terre, le tiers des arbres, et toute végétation verdoyante. .La deuxième trompette fit précipiter une grande embrasée était précipitée dans la mer dont le tiers devint du sang tandis que le tiers des créatures vivant dans la mer périt, et le tiers des navires fut détruit. A la troisième trompette provoqua la chute d'un astre immense brûlant du nom d'Absinthe comme une torche sur le tiers des fleuves et sur les sources des eaux et transforma le tiers des eaux en absinthe. Il s'en suit la mort de beaucoup d'hommes à cause des eaux qui étaient devenues amères. La quatrième trompette fait s'assombrir le tiers du soleil, le tiers de la lune et le tiers des étoiles. Dès lors, le jour perdit un tiers de sa clarté et la nuit de même (Ap 8,7-12).

La cinquième trompette vit précipiter une étoile du ciel sur la terre. Et il lui fut donné à l'ange la clé du puits de l'abîme d'où surgit une fumée, comme celle d'une grande fournaise. C'est alors que le soleil en fut obscurci, ainsi que l'air. Des sauterelles se répandirent sur la terre avec un pouvoir de scorpions non pas contre les verdures mais les hommes qui ne portent pas sur le front le sceau de Dieu. non de les faire mourir, mais les tourmenter de leur morsures cinq mois durant. Ces sauterelles avaient l'aspect de chevaux équipés pour le combat, comme des couronnes d'or, et leurs visages étaient comme des visages humains, avec des cheveux de femme, et des dents de lion. Elles semblaient cuirassées de fer, leurs ailes faisaient des bruits de chars suspendus à plusieurs chevaux au combat. Leurs queues de scorpions armées de dards, détenaient du venin nuisible aux hommes cinq mois durant. Leur roi est l'ange de l'abîme appelé en hébreu Abaddôn et en grec Apollyôn (Ap 9,1-11).

A la sixième trompette entraina la libération des quatre anges qui sont enchaînés sur le grand fleuve Euphrate pour mettre à mort le tiers des hommes. Les troupes de la cavalerie de deux myriades de myriades portaient des cuirasses de feu, d'hyacinthe et de soufre. Les chevaux avaient des têtes de lion, et leurs bouches vomissaient le feu, la fumée et le soufre, trois fléaux qui firent périr les hommes. En effet leur pouvoir se trouvait à la fois dans leur bouche et dans leurs queues semblables à des serpents, avec des têtes pour mordre (Ap 9,13-19).

3.5.5 demo-zoophanie et la personnalité

Il s'agit ici d'accumulations d'images humaines et animales qui manifestent les réalités supranaturelles dont l'auteur a la vision. Elles sont de nature à contruire chez le lecteur une personnalité d'attention aux moindres détails, de sensibilité aux aspects émiotiques, et d'espoir devant les situations désespérées d'injustice, d'oppression, de séduction, de dictature impérialiste politique. Les chapitre 17 et 18 se sont spécialement dédiés au portrait de dame Babylone, vue sous l'angle de la prostitution de par ses puissances commerciales, économiques, culturelles, politiques, militaires, démographiques et son hégémonie impérialiste sur toute la terre. Elle était favorisée par sa situation géographique balnéaire qui lui attirait tous les bateaux et navires de grandes cargaisons. Elle paraissait énigmatique, portant sur son front le nom mystérieux de Babylone la grande, mère des prostituées et des abominations de la terre. De plus, elle était assise sur une bête écarlate, couverte de noms blasphématoires. La bête avait sept têtes et dix cornes. Solennelle et splendide dans sa vêture de pourpre et d'écarlate, elle étincelait d'or, de pierres précieuses et de perles. Elle tenait dans sa main une coupe d'or pleine d'abominations: les souillures de sa prostitution, ivre du sang des saints et du sang des témoins de Jésus. La symbolique de l'animal a une portée hautement géopolitique. En effet, les sept têtes sont en fait les sept montagnes où réside la femme ainsi que les sept rois dont cinq sont tombés, le sixième régnant, le septième adviendra et durera peu de temps. Les dix cornes sont dix rois qui n'ont pas encore reçu la royauté, mais, pour une heure, ils partageront le pouvoir royal avec la bête et mettront à son service leur puissance et leur pouvoir pour combattre l'Agneau. Mais celui-ci les vaincra, de même que ses appelés, ses élus, et ses fidèles car il est Seigneur des seigneurs et Roi des rois. Les dix cornes et la bête haïront la prostituée, et la rendront solitaire et nue. Elles mangeront ses chairs et la brûleront au feu. Nous sommes en présence d'un gouvernement impérial livré au péril et à la déconfiture, de par ses contradictions internes et externes au service du mal, de la corruption et de l'injustice. Dieu se servira de la bête pour précipiter la chute de Babylone la grande.

Désormais tombée, elle est devenue la demeure de démons, la repaire de tous les esprits impurs, de tous les oiseaux impurs et odieux pour avoir abreuvé toutes les nations du vin de sa fureur de prostitution, les rois de la terre. Les marchands de la terre s'étaient enrichis de la puissance de son luxe et étaient devenus les grands de la terre, parce ses sortilèges ont séduit toutes les nations. Mais désormais, au lieu de la gloire et du luxe, elle est soumise en un seul jour à des tourments, à la mort, au deuil, à la famine, et au feu. Il n'y aura plus de cargaisons d'or et d'argent, de pierres précieuses et de perles, de lin et de pourpre, de soie et d'écarlate, plus de bois de senteur, d'objets d'ivoire, de bois précieux, de bronze, de fer ou de marbre, de cannelle et d'amome, de parfums, de myrrhe et d'encens, plus de vin, plus d'huile, de la fleur de farine, plus de blé, de bœufs ni de brebis, plus de chevaux ni de chars, plus d'esclaves ni de captifs. Elle a perdu pour toujours le chant des joueurs de harpe et des musiciens, des joueurs de flûte et de trompette, l'ingéniosité et la créativité de ses artisans ainsi que les délices des cuisines les plus exquises. Il se s'y trouvera plus la lumière des lampes, ni le bonheur du jeune époux et de sa compagne, car Dieu a fait justice aux saints, aux apôtres et aux prophètes (Ap 17,1-18,24).

.
.

En somme toutes les hiérophanies sont construites pour présenter de manière métaphorique et allégorique la manifestation de la toute-puissance de Dieu et de l'Agneau ainsi que de leur gloire et de leur splendeur. Tous les êtres provenant de la main de Dieu peuvent servir de signes, de symboles et contribuer à l'élaboration et à la célébration des rites. Ceux-ci cumulent à la fois la rencontre du divin et de l'humain et celle de l'humain avec le divin. Il en résulte un principe géopolitique fondamental, celui du monde référentiel par rapport à l'univers reflet. L'univers des conflits, des guerres, des violences, des méchancetés, des corruptions, n'est pas un modèle en soi, mais reste une imperfection, une perspective défigurée, une caricature des réalités supérieures célestes. Dès lors, la cosmogonie de l'Apocalypse fait de la sphère céleste, l'univers archétypal dont le monde doit demeurer une imitation, voire une reproduction fidèle. Ainsi, les fidèles serviteurs de l'Agneau se déclinent comme ceux qui dans leur vie quotidienne ont reproduit les perfections divines. Ils doivent souvent affronter les puissances négatives, les forces du mal et leurs suppôts, les hommes et les empires de mensonge qui sont plutôt tournés vers les bassesses de la terre.

Nous sommes en présence de deux mondes antagonistes qui s'affrontent régulièrement dans les drames de l'histoire qui souvent finissent par des tragédies et la mort. Toutefois, pour les élus, la souffrance présence n'est pas une fatalité. Elle est plutôt un engagement douloureux au le martyre qui conduit à la plénitude de la vie, à la glorification. L'on découvre dès lors et de façon claire, la finalité de de tout le livre de l'Apocalypse : semer de l'espérance pour présentifier la glorification de l'homme et de tous les hommes, sans discrimination. Dieu intervient régulièrement dans l'histoire pour rendre justice, sauver, libérer, sanctifier et glorifier.

4. De la guerre à la paix durable: urgence d'une géopolitique multipolaire

Comme le corps humain, les puissances politiques naissant et disparaissent. Elles résistent mieux aux conjectures du temps lorsqu'elles fondent leurs institutions et leurs fonctionnement sur les valeurs du droit, de la légitimité, de la légalité, de la justice, du droit à la différence, de la coexistence pacifique et sur le respect et de la défense de la vie. Ces valeurs concourent toutes à garantir les cohésions internes et à féconder les relations internationales. Rappelons ici la succession de grands empires de l'antiquité tels que l'Égypte, l'Assyrie, la Chaldée (Babylone), la Perse, la Grèce, l'empire romain. Les velléités hégémonistes et impérialistes ainsi que les clivages et conflits entre strates sociales ont contribué à leur éclatement. Ceci est particulièrement vrai pour les puissances occidentales qui depuis la fin du moyen-âge se sont imposées au monde entier à travers l'esclavage, la colonisation, la néo-colonisation, la mondialisation et les prétendues valeurs démocratiques. La première guerre mondiale (1914-1918) avec ses 18 millions de morts[147] portait déjà en elle les germes de la seconde (1939-1945). Celle-ci opposant l'Allemagne, l'Italie et le Japon à la France, la Grande-Bretagne, l'URSS et les USA fut un conflit de haine raciale et de violences extrêmes qui coûta 50 millions de vies humaines dont nombreux civils[148]. Les nombreuses frustrations du règlement du second conflit et celles de fin de la guerre froide (1990) avec la chute du mur de Berlin ont ouvert les

[147] Charlène, Vince. 2023. « Première Guerre mondiale : résumé de la Grande Guerre 14-18 ». *Lintern@ute* 06 (01): 1.
[148] Charlène Vince.2022. « Seconde Guerre mondiale : résumé de la guerre 1939-1945 ». *Lintern@ute* 04 (10) : 1.

brèches d'une politique internationale complexe et dangereuse dont les retombées influencent sur la guerre entre la Russie et l'Ukraine déclarée le 24 février 2022.

Il est de bon ton, que la politique internationale travaille davantage à promouvoir les valeurs de la vie, de la vérité, de l'équité, de la paix et de la réconciliation entre les peuples afin de promouvoir un monde plus juste et de prospérité pour tous. L'Ap 21,22-22,5 nous en trace le chemin. Voilà surgir un monde possible, un monde nouveau de prospérité, de plénitude et de paix pour tous.

4.1 L'Apocalypse et le biocentrisme géopolitique

Le livre de l'Apocalypse s'efforce de construire un narratif géopolitique fondé sur la vie comme principe, moyen et finalité de l'existence humaine. Les expressions suivantes en sont des témoignages très éloquents : στέφανος τῆς ζωῆς, couronne de vie (Ap 2,10) ; βίβλος τῆς ζωῆς, livre de vie, (Ap 3,5) ; ποταμός ὕδατος ζωῆς, le fleuve de vie (Ap 22,1.17); ξύλον ζωῆς, l'arbre de la vie (Ap 22,2.14). Aussi, les puissances cosmiques et leurs suppôts, les royaumes qui menaient la guerre contre les serviteurs sont vaincus par Celui qui est vivant (ὁ ζῶν)[149]. Il fut mort (ἐγενόμην νεκρὸς), mais le voici vivant (ἰδού, ζῶν εἰμὶ). Il est important de souligner que l'aoriste moyen déponent ἐγενόμην suppose un instrument de la mise à mort à un moment ponctuel. Aussi l'aoriste est-il ici utile pour mettre en relief le caractère accidentel et passager de l'acte qui introduit dans la grande nouveauté de la résurrection. Le verbe présent actif εἰμὶ marque un présent permanent. Aussi, l'ajout de αἰῶνας τῶν αἰώνων (pour les siècles des siècles) vient corroborer l'idée de la durabilité, de pérennité, l'infini, bref de l'éternité. C'est lui le Ressuscité qui détient la clé de l'Hadès, le séjour des morts (ἔχω τὰς κλεῖς τοῦ θανάτου καὶ τοῦ

[149] Ap 1,18.

ᾅδου)[150] . Il déclarera lui-même comme l'Alpha et l'Omega, le Commencement et la fin (Αλφα καὶ τὸ Ὦ, ὁ πρῶτος καὶ ὁ ἔσχατος, ἡ ἀρχὴ καὶ τὸ τέλος)[151] . D'ores et déjà, il siège sur le trône avec Dieu et règne sur toute la création. C'est l'ère de la réconciliation cosmique, l'espoir d'un monde sans ténèbres et sans conflits.

La lumière de la cité, c'est la gloire de Dieu (δόξα τοῦ θεοῦ)[152] et son flambeau est l'Agneau (ὁ λύχνος αὐτῆς τὸ ἀρνίον)[153]. Les nations réconciliées pour leur survie marcheront à sa lumière. Ici, il s'agit bien d'une allusion à Gn 1,14-19 à propos de la création de la lumière (אור) et de ses sources. En effet, elle était advenue le premier jour la création pour séparer (בדל) le jour (יום) de la nuit (לָיְלָה) encore appelée ténèbres (חֹשֶׁךְ)[154]. Si Gn 1,14-19 a éprouvé le besoin d'en faire un second récit, c'est pour en préciser les sources qui sont les luminaires (מְאוֹרֹת)[155] placés au firmament du ciel (בִּרְקִיעַ הַשָּׁמַיִם). Il s'agissait du grand luminaire (הַמָּאוֹר הַגָּדֹל)[156] pour éclairer le jour et du petit luminaire (הַמָּאוֹר הַקָּטֹן) éclairer la nuit, les distinguant séparément (לְהַבְדִּיל בֵּין הַיּוֹם וּבֵין הַלָּיְלָה) illuminant la terre (לְהָאִיר עַל־הָאָרֶץ)[157] et servir de signes tant pour les fêtes que pour les jours et les années (לְאֹתֹת וּלְמוֹעֲדִים וּלְיָמִים וְשָׁנִים)[158]. Le verset 18 de Gn 1 lit dans la mission cosmique de la lumière, un exerce de gouvernement, de gestion, de domination, insistant ainsi sur le caractère effectif et définitif de la séparation entre le jour et la nuit comme deux moments antagonistes qui s'alternent. Cette cosmogonie antique change radicalement de perspective dans notre péricope. Le jaillissement et la protection de la vie jadis

---

150 Ap 1,18.
151 Ap 22,13.
152 Ap 21,23
153 Ap 21,23.
154 Gn 1,5.
155 Gn 1,14.
156 Gn 1,16.
157 Gn 1,17.
158 Gn 1,14.

assurée par des sources comiques comme le soleil et la lune sont devenu la prérogative du seul Créateur, Dieu et l'Agneau qui seuls éclairent désormais de leur gloire la cité et toute la terre. Dès lors, il n'y plus de nuit (νύξ)[159]. Ainsi, toutes les conditions sont désormais réunies pour garantir la vie, la sécurité et la paix. Les portes de la cité n'ont plus besoin d'être fermées puisque les nations marchant sous rayonnement de la gloire du Tout-Puissant seront réconciliées entre elles, loin des conflits, des guerres et des idoles. Elles apporteront au pied du Roi de l'univers leur gloire (δόξαν αὐτῶν εἰς αὐτήν)[160] et leur honneur (τὴν τιμὴν τῶν ἐθνω)[161].

L'eau de vie est centrale dans la perspective biocentrique du corpus johannique. En effet, elle se distingue matériellement dans l'apocalypse des mers, séjour des forces du mal. Elle est dans l'épisode de la Samaritaine, l'expression du don de la vie par le baptême et l'Esprit, gage de la naissance d'en-haut (Jn 3,5). Ce baptême est différent de celui de Jean-Baptiste, l'ami de l'Époux qui consiste à un rite de purification et d'invitation à la conversion. L'eau vive promise à la Samaritaine (Jn 4, 10) étanche la soif pour toujours (Jn 4,13). Mieux, elle deviendra en celui qui la boit une source d'eau jaillissante en vie éternelle (Jn 4,14). Plus loin , le chapitre montrera clairement qu'il s'agit à la fois de la personne de Jésus lui-même, de sa parole et de l'Esprit-Saint (πνεῦμα ἅγιον) dont l'adhésion fait jaillir des entrailles des sources d'eau vive (Jn 7,37-38). C'est surtout le coté transpercé de Jésus faisant sortir du sang et de l'eau (αἷμα καὶ ὕδωρ) qui révèle le secret de la source d'eau vive. 1jn 5,8 interprète l'eau, le sang et l'Esprit comme convergence en l'unique témoignage au don de vie divine en Jésus-Christ qui nous rend vainqueurs du monde lorsque nous parvenons à confesser qu'il est le Fils de Dieu (1Jn 5,5).

---

[159] Ap 21,25 ; 2,5.
[160] Ap 21,24
[161] Ap 21,26.

De la guerre à la paix durable

Urgence d'une géopolitique multipolaire à la lumière de Ap 21, 22-22,5.

Même si l'Apocalypse assume l'héritage de l'Évangile et des lettres de Jean, il les met au service de la perspective géopolitique du combat entre le bien et le mal, soldé par la victoire de l'Agneau. Elle n'éprouve plus le besoin de reprendre les métaphores de l'eau et du sang jaillissant du cœur, propre à la kénose du Christ. Elle a préféré plutôt relever l'aspect victorieux. La géopolitique est donc ici celle de la gloire manifestée. Même si l'auteur évoque les serviteurs qui ont lavé leurs robes et les ont purifiées dans le sang de l'Agneau (Ap 7,14), c'est toujours au service de la manifestation de la gloire de Dieu. Ainsi, mieux que les évangiles, l'auteur se situe dans le concret des témoignages victorieux rendus à l'Agneau dans le quotidien de la cité. Tout ceci nous permet de constater que tout le livre daterait d'une époque plus tardive où les souvenirs de la passion et les témoignages de la résurrection semblent s'éloigner des témoins oculaires historiques. Certes, les effets politiques, sociaux, culturels et cultuels ont remodelé les pensées, les relations entre communautés et étendu les relations des communautés ecclésiales au-delà de Jérusalem. Mais le souvenir de l'essentiel de l'évènement pascal reste vivant dans le vécu quotidien. L'Apocalypse est donc une relecture triomphale de l'histoire définitivement tournée vers son accomplissement total. Les forces du mal sont évacuées de la nouvelle création. La vie est rendue à jamais possible, totalement donnée et assurée pour tous ceux qui se mettent sous l'égide du Tout-Puissant et de l'Agneau. À eux est réservée la source d'eau de vie qui coule du dessous du trône de Dieu et de l'Agneau. C'est alors que l'auteur assume et dépasse le patrimoine littéraire, écologiques et géopolitique de Gn 1-3 et d'Ez 47,1-12 en les mettant au service non plus de la ville de Jérusalem mais de la royauté universelle du Tout-Puissant. Jadis, c'étaient les empires hostiles comme l'Égypte, l'Assyrie, la Chaldée (Babylone), la Perse, la Grèce, l'empire romain qui constituaient les dangers que devaient affronter les fils d'Israël. Aujourd'hui, le danger, c'est aussi, les fils actuels d'Israël qui commettent le mal sous le ciel. Ils n'auront pas accès à la source de vie réservée aux vainqueurs. Ils sont assimilés aux chiens, aux sorciers, aux impurs, aux assassins, aux idolâtres et à tous ceux qui se plaisent à faire le mal (Ap 22,15).

Il faut noter que la source d'eau vive se distingue de toutes les eaux en sortant du trône de celui qui est Créateur et Maitre de la vie. L'eau devient alors l'image de la puissance divine qui se déverse sur toute la création en vue de la plénitude de la vie réservée aux assoiffés (ὁ διψῶν) de la justice et du vrai bonheur. L'eau vive désignerait aussi au sens métaphorique, la paix durable, le vrai bonheur, la plénitude de la vie, c'est-à-dire la béatitude pour tous. Ainsi, dans la double solidarité d'avec Dieu et d'avec les hommes, la raison de vivre des élus est dans le don de soi pour la vie de tous.

L'arbre de vie poussé entre les deux bras du fleuve est l'unique qui nourrit toute l'humanité. La puissance de fertilité transmise par la source d'eau vive lui fait produire régulièrement et en surabondance pour nourrir toute l'humanité. Jadis interdit d'accès en Gn 3,22, l'arbre de vie est donné pour toujours et de façon gratuite à tous. Mieux, ses feuilles servent à procurer la santé à tous (Ap 22,3).

4. 2 *Is 2,4 et Ap 21,26 : De la guerre à la solidarité multipolaire*

Si le prophète Isaïe a choisi de porter Juda et Jérusalem à la tête de toutes les nations, c'est pour susciter un modèle de gouvernement universel où Yahvé est à la fois le Créateur et le Suprême Souverain. Il a le grand avantage de couvrir les trois périodes les plus cruciales de la vie d'Israël dès avant la chute de la Samarie (721) jusqu'après le retour de Babylone (535-520 av JC) en passant par la chute de Jérusalem et la destruction du temples en 587 av. JC. Cette perspective d'universalité a contribué chez le prophète à faire du roi païen Cyrus II le Messie de Dieu, le modèle de roi. La grande inspiration d'Isaïe réside surtout dans le fait d'entrevoir pour toutes les nations (Israël et les autres peuples) une marche commune vers Jérusalem, la capitale impériale géopolitique de la terre et le centre d'attraction de tous les biens de la terre. Is 2,4 appartient à ce qui est communément appelé le proto-

Isaïe (Is 1-39) à l'époque où Osias, Yotam, Achaz puis Ézéchias étaient rois de Juda (1, 1).

La pertinence de son message est de percevoir à la lumière d'un messianisme naissant, le cadre géopolitique de réconciliation entre toutes les nations. Pour lui, les conflits qui jusque-là ont envenimé les relations internationales et opposé les peuples les uns contre les autres sont appelés à se transformer atouts de développement, de cohésion sociale et de solidarité. Pour le texte grec cette période sera celle des derniers jours (ἐν ταῖς ἐσχάταις ἡμέραις)[162], c'est-à-dire, une nouvelle histoire, d'une nouvelle ère, de qualité supérieure. Par contre, le texte massorétique l'entrevoit comme la fin des jours (בְּאַחֲרִית הַיָּמִים),[163] avec l'idée d'arrêt total de l'histoire de l'humanité qui suppose un bilan, un jugement, une moisson. En faisant usage d'un double parallélisme antithétique, l'auteur du texte massorétique dépeint le changement un radical et total. Il s'agit pour les nations de transformer leurs épée en charrues (כִתְּתוּ חַרְבוֹתָם לְאִתִּים) et leurs lances en faucilles (וַחֲנִיתוֹתֵיהֶם לְמַזְמֵרוֹת). Toute la transformation est exprimée par le seul verbe כתת qui au qal signifie écraser, pulvériser, piler, transformer (Dt 9,12 ; Lv 22,24) . A la forme intensive (piel) du texte d'Isaïe, il a la connotation de frapper, battre, marteler, réduire en pièces (Cf 2R 18,4). La LXX en utilisant le verbe συγκόπτω s'intéresse particulièrement au mode de transformation et au résultat : la « trans-formation). Les deux substantifs hébraïques חֶרֶב (épée) et חֲנִית (lance) sont typiquement aux stratégies antiques de guerre. Il s'agit de combat « corps à corps », qui exigeait beaucoup de forces physiques, d'entrainements rudes et d'exercices ascétiques pour discipliner le corps et l'esprit. Le soldat allait au combat pour vaincre ou mourir. C'est cela sa raison d'être. Toutefois, sous le nouveau régime, les mêmes ardeurs sont déployées non

---

162 Is 2,2.

163 בְּאַחֲרִית Fin de l'année (Gn, 49,1; Dt 11,12); la mort (Nb 23,13); prospérité (Am 9,1); l'avenir (Is 46,10); à la fin (Dt 8,18).

plus pour tuer ou mourir, mais pour devenir des leaders et des managers de la paix. Isaïe y voit un retour à l'agriculture, c'est-à-dire à retrouver la vocation originelles de l'homme en Gn 1,28 « Soyez féconds, multipliez, emplissez la terre et soumettez-la; dominez sur les poissons de la mer, les oiseaux du ciel et tous les animaux qui rampent sur la terre ». Il est important de souligner que le verbe כבשׁ (soumettre) exprime l'intensité de l'effort humain à tirer sa subsistance du sol tandis que le verbe רדה (diriger, gouverner, dominer) met en relief toute l'intelligence et l'ingéniosité requises pour gérer l'héritage commun de la planète afin qu'elle soit la case commune pour la prospérité de tous. Nous voici arrivés à l'appel renouvelé de l'humanité créée à l'image et à la ressemblance de Dieu qui doit exercer sur la création le pouvoir divin de gestion à lui confié par Dieu. Les deux mots אֵת (soc de charrue, houe, pioche)[164] et מַזְמֵרָה (faucille, couteau de vigne), symbolisent donc à la fois les deux activités qui encadrent la culture agricole, d'abord le labour et le semis puis la récolte, la conservation, la transformation et la distribution.

Toutefois, chez le prophète Isaïe, pourrait-on conclure qu'il s'agirait-il d'une béate de l'histoire ? Il n'en est pas question, car une telle compréhension trahirait la teneur de son message. En effet, pour peu que nous relisions Is 2,4, nous constatons qu'il s'agit d'une certitude : « On ne lèvera plus épée nations contre nations » (לֹא־יִשָּׂא גוֹי אֶל־גּוֹי חֶרֶב). Mieux, « On apprendra plus la guerre » (וְלֹא־יִלְמְדוּ עוֹד מִלְחָמָה). La raison fondamentale est le retournement total des pratiques anciennes, le l'engament de toutes les nations à former, à la lumière de la gloire de Dieu, un seul et même peuple, une même famille universelle en vue du bien pour tous. Elles affflueront toutes vers Jérusalem (נָהֲרוּ אֵלָיו כָּל־הַגּוֹיִם), palais de Dieu dressée au sommet des collines, vers la maison du Dieu de Jacob (בֵּית אֱלֹהֵי יַעֲקֹב)[165]. Tandis que le verbe נהר du TM évoque l'image du fleuve qui coule, celui de LXX, ἥκω

164 1Sam 23,20.

165 Is 2,3.

(venir, se présenter)[166] fait plus référence à la fois à l'effectivité de la présence et au grand nombre. Aussi, Jérusalem (יְרוּשָׁלַםִ) encore appelée Sion (צִיּוֹן) est-elle le lieu d'où vient (יֵצֵא) la Loi (תּוֹרָה), la parole de Yahvé (דְבַר־יְהוָה)[167]. Le rôle de Yahvé est d'être le juge parmi les nations (שָׁפַט בֵּין הַגּוֹיִם)[168] et l'arbitre pour les peuples nombreux (הוֹכִיחַ לְעַמִּים רַבִּים). Le verbe יכח à la forme factitive (hiphil), confère à Yahvé la force, l'intelligence, la légitimité et l'impartialité de son arbitrage. En effet, à lui seul revient la prérogative d'enseigner ses voies (ירה מִדְּרָכָיו) et faire marcher sur ses sentiers (נֵלְכָה בְּאֹרְחֹתָיו). Is 60,3, fera particulièrement de Jérusalem la cité d'où rayonnent la lumière (אוֹר) et la clarté (נֹגַהּ) de la gloire de Dieu.

L'autre apport qui vient enrichir la géopolitique biocentrique est la notion de lumière. En Ap 21,23 il est question de la gloire de Dieu (δόξα τοῦ θεοῦ) et du flambeau de l'Agneau (ὁ λύχνος αὐτῆς τὸ ἀρνίον), qui éclairent la cité. Ils rendant vaine la lumière du soleil et celle de la lune (ἡλίου οὐδὲ τῆς σελήνης)[169]. La lumière de la gloire écarte tout ce qui peut constituer des menaces pour la vie des citoyens. La cité est sécurisée par la présence du Tout-puissant, le Souverain universel et de l'Agneau qui éclairent la cité de leur gloire. Il n'y a donc laisse plus de place pour la nuit (νὺξ οὐκ ἔσται ἐκεῖ)[170], ni pour les dangers de mort (Ap 22,5), ni pour la malédiction (κατάθεμα)[171]. Les portes de la cité mises pour assurer la sécurité ne se fermeront plus de jour (οἱ πυλῶνες αὐτῆς οὐ μὴ κλεισθῶσιν ἡμέρας-νὺξ)[172]. Ainsi, l'humanité entre dans une nouvelle étape de l'histoire celle du règne de la vie. Et les élus, marqués au front du nom, de l'Agneau[173], règneront

---

166 ἥκω : cf Mt 8,11; Mc 8,3; Lc 15,27; Jn 4,47; 8,42; Hb 10,37; Ap 15,4; 18,8.

167 Is 2,3.

168 Is 2,4.

169 Ap 21,23.

170 Ap 21,25.

171 Ap 22,3.

172 Ap 21,25.

173 Ap 22,4.

pour les siècles des siècles (εἰς τοὺς αἰῶνας τῶν αἰώνων)[174]. Ici, le verbe βασιλεύω (régner) passe d'un simple exercice de pouvoir au sens géopolitique biocentrique de gouverner avec justice, faire advenir la paix et la solidarité pour tous, promouvoir la vie en abondance et plénitude pour tous les peuples de la terre.

4.3 Du fleuve de feu au fleuve d'eau vive pour une messianité multipolaire (Dn 7,9-11 et Ap 22,1-3):

Tout le chapitre 7 du livre de Daniel évoque les traits saillants du trône glorieux de Dieu, son jugement des empires et de sa victoire sur les bêtes monstrueuses (אַרְבַּע חֵיוָן רַבְרְבָן). A jamais, Yahvé exerce sa domination par le Fils d'homme sur toutes les grandes puissances politiques et militaires qui troublaient la quiétude des peuples. Les quatre bêtes sortis de la grande mer sous l'effet des quatre vents du ciel symbolisent leur succession et toutes les violences qu'elles commettaient entre elles et surtout envers les humbles. La première était comme un lion, et elle avait des ailes d'aigle. Dès son apparition, elle fut arrachée les ailes et soulevée de terre puis dressée sur deux pattes comme un homme et reçut un cœur d'homme. La seconde semblable à un ours fut dressée sur un côté, ayant trois côtes dans la gueule entre les dents; mangeant beaucoup de chair. A la troisième semblable à un léopard avec quatre ailes d'oiseau sur le dos et quatre têtes reçut une souveraineté. La quatrième, redoutable, terrifiante, extrêmement vigoureuse avait de monstrueuses dents de fer et dix cornes qui sont dix rois. Il surgira un autre après eux qui abattra trois rois. Dans son impétuosité sans égale, il proférera des paroles contre le Très-Haut et molestera ses Saints. Il se proposera de changer le calendrier et la Loi, et les Saints seront livrés en sa main durant une période, deux périodes et une demi-période.

Toutefois, ces puissances n'ont que des pouvoirs éphémères. En effet, apparaissent des trônes dont celui d'un Vieillard, lequel trône était en flammes de feu (כָּרְסְיֵהּ

174 Ap 22,5.

(שְׁבִיבִין דִּי־נוּר)[175], avec des roues en feu ardent (גַּלְגִּלּוֹהִי נוּר דָּלִק). Il s'agit d'une vision de Yahvé lui-même le juge des nations qui siègent pour rendre justice aux saints. Aussi, un fleuve de feu (נְהַר דִּי־נוּר)[176] coulait et sortait de devant lui. Le tribunal siégea, et des livres furent ouverts. La bête fut tuée et brulée et les autres bêtes perdirent leur souveraineté mais conservèrent leur vie jusqu'à une date et un moment déterminé jusqu'à l'arrivée du Fils d'homme qui reçut souveraineté, gloire et royauté: éternelles. Et les Saints du Très-Haut règneront pour toujours.

Il appert donc que la perspective de Daniel par rapport à la royauté universelle de Yahvé est plus légale et juridique. En effet, tout le narratif est articulé autour de la thématique du feu symbole du jugement. Dans son char de feu, le Tout-Puissant rendra justice aux Saints et à tous les opprimés de la terre que les puissances impériales ont torturés, opprimés et détruits pour assouvir leur soif de pouvoir. Nous en dégageons cinq principes fondamentaux:

-La souveraineté universelle de Dieu, Créateur, Juge et Maître de l'histoire. Rien n'échappe à son pouvoir, lui qui mène l'histoire à son plein accomplissement.

-De fait et de principe, tout pouvoir contre l'homme et les peuples s'éloigne de Dieu et sont voués à disparaître. L'éclatement des pouvoirs impérialistes hégémoniques est lié à leur incapacité de générer la vie pour tous. Le repli sur soi et la volonté de puissance fait régner la dictature qui est un pouvoir de crise.

-Le jugement est l'exercice de la miséricorde de Dieu envers les humbles. Les faibles, les opprimés. Le mal et la souffrance ne sont donc pas des fatalités mais des épreuves qui servent à la croissance et à la maturation humaine et communautaire. Ils sont vaincus par la patience et fidélité tenace.

-La centralité des institutions légales fortes qui ne doivent souffrir d'aucune modification ou de commentaires fantaisistes. La loi est l'expression de la volontaire communautaire à la lumière de la volonté divine. Son but est de prendre

---

[175] Dn 7,9.

[176] Dn 7,10.

possible la paix, la prospérité et la plénitude de vie pour tous. Elle est d'essence divine, naturelle et universelle.

-La messianité du pouvoir divin est un paradigme géopolitique auquel doivent adhérer toutes les nations pour un monde multipolaire de paix dialoguée. Le Fils d'homme est celui qui vient accomplir toutes les attentes de l'humanité. L'Apocalypse fera de la royauté de Dieu et de l'Agneau, l'ère de prospérité par excellence pour tous.

Le narratif de l''Apocalypse 22,1-3 n'est plus nourrie par par les images de feu de Daniel exprimant le règne d'un Dieu justicier. Il est plutôt l'aboutissement du jugement qui débouche sur l'ère paradisiaque de l'histoire. En effet, dans sa vision, l'auteur contemple le Tout-Puissant et l'Agneau assis sur le même trône. Et du dessous du trône, fleuve d'eau vive brillant comme du crystal (ποταμὸν ὕδατος ζωῆς λαμπρὸν ὡς κρύσταλλον), jaillissant du trône de Dieu et de l'Agneau (ἐκπορευόμενον ἐκ τοῦ θρόνου τοῦ θεοῦ καὶ τοῦ ἀρνίου.)

4.3 *Le devoir géopolitique de payer le denier de gloire et d'honneur*

Le rayonnement de la gloire de Dieu suscite désormais chez tous les peuples le désir d'apporter leur denier culturel en signe d'allégeance au Tout-Puissant (παντοκράτωρ)[177]. Pour tous les rois de la terre (βασιλεῖς τῆς γῆς)[178], il s'agit d'apporter leur gloire (δόξα) et pour tous les hommes d'offrir la gloire et l'honneur des nations (τὴν δόξαν καὶ τὴν τιμὴν τῶν ἐθνῶν εἰς αὐτήν)[179]. Le mot δόξα signifie à la fois la clarté, le rayonnement, la splendeur[180], la gloire, la majesté comme celle

177 Ap 21,22.

178 Ap 21,24.

179 Ap 21,26.

180 Clarté, rayonnement, splendeur : Lc 9,31s; Ac 2211; 1 Cor 15,40s

relative à Dieu et aux êtres célestes[181]. Elle prend la connotation de pouvoir royal[182], du reflet[183], de la splendeur et de la magnificence des rois[184], de la célébrité, de la renommée, de l'honneur, du prestige[185], de la louange comme enchantement, de la réputation [186]

Le vocable τιμή peut désigner à la fois le prix[187],, la valeur[188], l'honneur, la révérence, le respect, le privilège[189], la respectabilité[190], la place d'honneur, l'office[191]. Mais dans un contexte géopolitique comme celui de notre péricope, la gloire des nations se rapporterait à tout ce qui constitue leur puissance économique, politique, sociale, culturelle et cultuelle et qui façonne leur identité historique et leur capacité de cohésion interne et externe. L'honneur, quant à lui se rapporterait plus aux valeurs morales. Dans les deux cas, nous rejoignons la perspective d'Isaïe qui exclut la guerre et les armes et tous les stratagèmes y afférents au profit de la solidarité et de la souveraineté collaborée. Dans ce contexte du gouvernement universel de Dieu, place est faite à la souveraineté territoriale de chaque roi et de chaque peuple. Logiquement, ce système de gouvernement exclut l'idée de supériorité de grandes puissances, d'état impérialiste et toute tendance à l'hégémonie.

4.4 Le rôle discret des pouvoirs religieux

---

181 Gloire, majesté: Ac 7,2; Rm 1,23; 1 Cor 2,8; Phil 3,21; Col 1,11; Hb 1,3; Jc 2,1; Ap 15,8.

182 Rm 6,4.

183 Reflet : 1 Cor 11, 7.

184 Splendeur, magnificence des rois : Mt 4,8; 6,29; Ap 21,24.26.

185 Jc 5,41. 44; 8,54; 12,43; Rm 3,23; 1 Th 2,6.20.

186 Lc 2,14; Ac 12,23; Rm 11,36; 1 Cor 10,31; Phil 2,11; Ap 19.7.

187 Le prix: 1 Cor 6,20; 7,23.

188 Valeur : Mt 27,6,. 9; Ac 5,2s; 7,16; 19,19

189 Honneur, révérence, respect : Jc 4,44; Ac 28,10; Rm 2,7. 10; 12,10; 13,7; 1 Ti 6,1; 2 Ti 2,20s; 1 P 3,7 ; Ap 4,9; 5,13; 21,26.

190 Respectabilité : 1 Th 4,4.

191 Place d'honneur, officie: Hb 5,4.

De la guerre à la paix durable

Urgence d'une géopolitique multipolaire à la lumière de Ap 21, 22-22,5.

Nous devons faire remarquer qu'Ap 21,22-22,5 exclut toute interférence des pouvoirs religieux sur la vie politique de la nouvelle Jérusalem. Il ne fait aucune mention ni des esséniens, des zélotes, des Pharisiens, ni des scribes, ni de la caste sacerdotale réorganisée pour la gestion du temple. Cette dernière remonterait de façon spéciale au retour de l'exil vers 535 (533) av. JC et qui cumulaient parfois les fonctions de prêtre, de juge et de roi comme le témoigne la figure du prince נָשִׂיא en Ez 45,7.8.9 ; 46, 2.4.7.8.10.12.16. Notre péricope ignore aussi le sanhédrin qui faisait fonction d'instance judiciaire pendant la période de Jésus.

Au contraire, Ap 21, 22 constate que dans la ville, il n'y a même plus de temple car son temple, c'est Yahvé le Tout- Puissant et l'Agneau (κύριος ὁ θεὸς ὁ παντοκράτωρ ναὸς αὐτῆς ἐστίν, καὶ τὸ ἀρνίον). Une telle perspective rend caduques toutes les hiérarchies intermédiaires de culte et de législation devenues dangereuses pour l'observance de la Loi (Mc 7,11). Le culte demeure mais il est désormais direct, ouvert à toutes les nations et tout spécialement à ceux qui adorent Dieu en esprit et en vérité (Jn 4,2).

Dès lors, toutes les religions comme le judaïsme, le christianisme, l'Islam et les autres religions et religiosités, doivent converger vers l'unique culte de la paix durable, de la vérité, de la solidarité, de la vie et de communion entre toutes les nations. Les considérations culturelles propres à chaque expression territoriale et qui sont de nature à susciter des conflits ou à aggraver les tensions entre les peuples sont à proscrire. Dieu est unique et son culte est direct, c'est-à-dire, sans intermédiaires encombrants. Et le culte fondamental consiste à offrir au Créateur la gloire et de l'honneur essentiellement déployés en paix, en cohésion, en solidarité, en justice et en vérité.

Dans ce nouveau contexte cultuel, il est nécessaire de définir un nouveau type de dialogue interreligieux qui serait un creuset enrichissant et fécond d'écoute, d'attention et d'échanges de toutes les valeurs qui promeuvent la vie. Ce dialogue exclurait toutes prétentions de supériorité des grandes religions qui ont jusque-là inspiré la politique, l'économique et le social pourront. Il éviterait toute tentation à l'hégémonisme et à l'impérialisme qui ont caractérisé depuis six siècles le monde occidental.

Pour ce faire, nous proposerons trois principes guides de réflexions et d'action :

- La primauté de la dignité humaine et de la vie sur toutes les valeurs religieuses
- L'égale souveraineté et dignité de tous les peuples et nations
- La culture et le culte de la paix, de la vérité, de la justice et de la solidarité à l'interne et dans les relations internationales.
- La sainteté, une tension de tous à la plénitude de la vie.

4.5 *L'urgence de la sécurité alimentaire pour tous.*

Comme nous l'avons précédemment vu en Is 2,2-5, la redécouverte de la vocation originelle de l'homme stipulée en Gn 1,28 est fondamentale pour l'avenir de tout agir humain. Le contact des nations avec la Loi conservée sur la montagne de Jérusalem les conduit à faire de leurs épées des charrues et de leurs lances des faucilles (Is 2,4). Ainsi, la redécouverte et la promotion de l'agriculture, de la transformation agroalimentaire et de toutes les activités y afférentes permettra de mobiliser toutes les énergies de la nature au service de la vie. L'Apocalypse assume la même perspective, mais en en faisant la prérogative du Tout-Puissant qui trône désormais avec l'Agneau sur toutes les nations à partir de la sainte cité de Jérusalem. Certes, il n'est plus fait mention des activités productives des hommes. Toutefois, la mention de fruits pour nourriture nous fait penser à toute l'ingénierie et l'industrie de la cueillette. Ici, la représentation symbolique de l'arbre permet de restituer l'état paradisiaque du jardin d'Eden avant le péché originel (Gn 2-3). D'ailleurs la fécondité du sol est l'œuvre de la source d'eau vive qui jaillit du trône de Dieu et de l'Agneau. Cette fécondité assure une production régulière de fruits, douze fois l'année (δώδεκα) [192] soit chaque mois (κατὰ μῆνα ἕκαστον). Le verbe production ἀποδίδωμι (donner de soi, livrer de soi, produire,) vient compléter l'idée d'abondance et ajoute la notion de gratuité.

Il appert donc que l'entretien de la vie est la préoccupation majeure du Souverain de l'univers. C'est lui qui assure la fécondité des saisons et garantit la productivité de toutes les plantes. L'activité humaine devient une mission de leadership de la création selon le projet naturel de Dieu. La gestion de la création pour le bien de tous exclut toute confiscation des richesses par une oligarchie mondiale qui ferait de l'économie, des finances et des nourritures des moyens d'exercer son hégémonie ou d'en faire des stratégies de guerre. Aussi, cette gestion de la création exige le respect de la nature et des écosystèmes pour que la terre demeure la case commune de vie et de cohésion collaborée et partagée.

Enfin, L'Ap 22,2 requiert un partage équitable des fruits de la terre. Pour ce faire, la connaissance de lois de la cité, surtout celles naturelles qui régissent l'univers doivent devenir la préoccupation de tous et la mesure de toute conscience éclairée. En effet, toute vie sociétale n'est raisonnable que lorsqu'elle s'accorde avec le caractère égal, inviolable et inaliénable des droits de la personne et des communautés aux richesses.

4.6 La primauté de la sécurité sanitaire biologique pour tous.

La troisième préoccupation de la cité du Souverain universel est celle de la santé. L'arbre de vie jadis interdit à Adam et Ève (Gn 3,24), restitué aux hommes en Ez 47,12 pour la guérison (תְּרוּפָה / ὑγίεια) devient dans l'Ap 22,2 remède de santé

---

192 Ap 2,22.

pour les nations. L'ajout de τῶν ἐθνῶν dans la perspective de notre section prête à une triple interprétation des destinataires de la santé. Il peut s'agir particulièrement des nations juives et des communautés chrétiennes comme les élus de Dieu. Mais cette hypothèse serait en contradiction avec la topographie de la cité (pas de temple) qui exclut les instances intermédiaires et la hiérarchie sacerdotale (Ap 21,22). La seconde hypothèse est celle de la santé réservée aux seules nations païennes, à l'exclusion des Juifs. Toutefois, l'universalité du gouvernement de l'universel Souverain et la mention de Jérusalem, du temple, du chandelier, de la demeure parmi les hommes, de Jésus, de la race de David (Ap 22,16) sont bien des allusions à l'histoire d'Israël ; car ces données font bien partie des promesses prophétiques et eschatologiques au peuple élu chez les prophètes Isaïe, Ézéchiel et Daniel et dans les psaumes. L'humus socioculturel, le Sitz im Leben qui a inspiré la perspective messianique, nous impose d'intégrer Israël parmi les bénéficiaires privilégiés de cette médecine.

La troisième hypothèse serait celle des nations (ἐθνῶν) comme entité géopolitique, synonyme de peuple universel, habitant la planète terre. Cela engloberait toutes les nations y compris les fils d'Israël. Cette interprétation serait la plus juste en ce qu'elle rejoint l'universalité de la loi qui régit la cité. Le critère de citoyenneté est celui des valeurs éthiques, En effet, « Quant aux lâches, aux infidèles, aux dépravés, aux meurtriers, aux impudiques, aux magiciens, aux idolâtres et à tous les menteurs, leur part se trouve dans l'étang embrasé de feu et de soufre: c'est la seconde mort »[193] . Plus loin, il s'agit d'un tri rigoureux quant à l'accès à la cité : « Il n'y entrera nulle souillure, ni personne qui pratique abomination et mensonge, mais ceux-là seuls qui sont inscrits dans le livre de vie de l'agneau »[194]. Cette disposition est renforcé vers la fin du livre par Ap 22,15 : « Dehors les chiens,

---

193 Ap 21,8.

194 Ap 21,27.

les sorciers, les impurs, les assassins, les idolâtres et tous ceux qui se plaisent à faire le mal ! ». Aussi, la mention de Jésus, étoile du matin (ὁ ἀστὴρ ὁ λαμπρὸς ὁ πρωϊνός)[195] brillant sur toutes les nations peut couvrir le sens cosmique de Jb 38,7 comme expression de l'omniscience et de la toute-puissance de Dieu dans la création[196]. Dans la vision messianique du prophète païen Balaam, il s'agit de celui qui surgit et monte de Jacob comme une étoile (כּוֹכָב מִיַּעֲקֹב), un chef, un sceptre qui se lève, issu d'Israël. C'est lui qui frappera les tempes de Moab et le crâne de tous les fils de Seth. (Nb 24,17). L'Ap 2,28 l'emploie comme symbole de la victoire et expression de la concession du pouvoir divin que donne l'agneau au vainqueur. En somme, l'expression « étoile du matin », est passée à son usage universel pour englober toute la destinée universelle sous l'égide du seul Souverain, le Tout-Puissant et l'Agneau.

Dès, la destination de la médecine devient universelle. Bien que l'Agneau soit de la lignée davidique, il assure la santé à toute l'humanité. Le vocable φύλλα (feuilles, feuillages) pourrait désigner symboliquement toutes les vertus des plantes qui servent à la guérison. Il regrouperait donc les feuilles, les racines, les fleurs, les écorces, la sève et leurs dérivées qui entrent dans la compositions des recettes médicales. Le verset 2 du chapitre 22 ouvre une nouvelle perspective à la médecine naturelle (biologique) comme fondamentale dans le système médical. Elle doit être accessible à tous. Aussi les recherches médicales doivent mettre la personne humaine au cœur de tout système médical puisque qu'il est un patrimoine universel, il ne peut faire l'objet de confiscation arbitraire d'institutions sanitaires, économiques, politiques, scientifiques ou juridiques qui en font des moyens de spéculations économiques et financières, ni de moyens de répressions stratégiques

---

[195] Ap 2,16. Cf Is 14,1-12 parlant d'Israël, de la maison de Jacob comme Étolie du matin, fils de l'aurore (הֵילֵל בֶּן־שָׁחַר), l'élu de Dieu pour soumettre les nations ennemies.

[196] L'expression « étoile du matin » (כּוֹכְבֵי בֹקֶר) en a en Jb 38,7 une connotation cosmique, témoignant de la gloire, de l'omniscience et de la toute -puissance du Dieu Créateur de Job et de toute la nature

et militaires. Aussi l'expression téléologique εἰς θεραπεῖαν , indique que le seul but de la médecine est de guérir, de préserver et de protéger la vie. Il appert donc que la paix véritable du monde ne peut advenir que dans la mobilisation responsable et légale des recherches médicales pour susciter, protéger et défendre la vie. Et cette vision est une expression de l'universalité du patrimoine médical.

5. La femme, humanité nouvelle à la reconquête de la paix durable

La protection de la vie et la promotion est avant tout l'apanage de la femme. Malgré les déboires de la désobéissance originelle, Adam n'a-t-elle pas appelé sa femme la « Vivante » Ève (חַוָּה)197, mettant ainsi en elle l'espoir de susciter la vie ensemble par la génération ? Et lorsque l'auteur de G, 2,20 racontant la création de la femme utilise le verbe בָּנָה, (construire, bâtir) au lieu de יָצַר utilisé pour la création de l'homme en Gn 2,7. Pour peu que nous nous rappelons le radical בנה , il renvoie à l'idée d'intelligence, de perspicacité, d'ingéniosité et d'intuition, en l'occurrence, celles propre à la femme. Aussi, le projet sociétal de Gn 4,1 ne fait-il pas du verbe יָדַע (connaître) une responsabilité conjugale qui confère à Ève la dignité de concevoir (הָרָה) et d'enfanter (יָלַד) Caïn et plus tard Abel[198], faisant ainsi de la maternité une dignité particulière de la femme ?

Le chapitre 12 de l'Apocalypse assume tout ce patrimoine littéraire et élabore de façon pittoresque le portrait de la femme idéale, belle de vertus, porant en son sein l'humanité entière qu'elle engendre à la paix malgré les guerres et les conflits qui jalonnent l'histoire de l'humanité. Le livre de l'Apocalypse dans son chapitre 12, élabore le portrait de la femme, prototype de l'humanité réconciliée pour la paix

197 Gn 3,20.

198 Gn 4,2.

durable. Intronisée dans le ciel, elle réalise pleinement la pleine harmonie avec l'Absolu, le cosmos, la société et elle-même. Elle demeure une référence, un modèle d'aspiration à la paix pour notre monde marqué par la guerre, les conflits entre états et les agressivités des systèmes internationaux. La pire des guerres, est celle culturelle et éducationnelle qui détourne la femme de sa vocation naturelle au profit des chimères du siècles.

5.1 Les dérives du féminisme

Le féminisme est selon Angélique Gérard « un ensemble de mouvements et d'idées politiques, sociales et culturelles ayant pour objectif de promouvoir l'égalité entre les femmes et les hommes en militant pour les droits des femmes »[199]. Le vocable fut utilisé en 1872 par Alexandre Dumas fils avec un sens péjoratif et popularisé à partir de 1882 par Hubertine Auclert, militante féministe et suffragiste française avec la connotation actuelle.

Le mouvement se développe en trois étapes. La première remontant au milieu du 19° siècle déclare l'égalité de l'homme et de la femme devant la loi. La seconde se structure à la fin des années 1960 avec le *Mouvement de libération des femmes* (MLF) et du *Women's Lib*, corroboré par les concepts qui insistent sur les rapports de domination des hommes sur les femmes, en particulier le patriarcat, le sexisme : « le privé est politique »[200], repris par Kate Millett[201]. C'est la période de la promotion de l'avortement, de la contraception et de la notion du genre qui prétend dénaturaliser les rapports entre les sexes. La troisième tendance datant des années 1990 née aux Etats-Unis vient des groupes minoritaires. Il s'agit d'un large

---

199 Angélique Gérard, Pour la fin du sexisme!, Editions Eyrolles, (Paris 2019) : 57.

200 Carol Hanisch, « The Personal Is Political », *Notes from the Second Year: Women's Liberation in* 1970 01(2006): 1-5.

201 Millett, Kate, *Sexual politics* (La Politique du mâle), (Paris 2020 -2007 ; -1970-).

ensemble de revendications exprimées par des militantes féministes issues de groupes minoritaires dans le sillage du *Black feminism.*, se voulant moins blanche, moins bourgeoise, moins occidentale et plus inclusive dans la poursuite de la défense des droits des femmes en y intégrant des minorités auparavant délaissées comme les personnes invalides, les personnes au foyer, les personnes racisées, les travailleurs et travailleuses du sexe et les membres de la communauté LGBTQ. [202].

Au réveil de cette idéologie , Simone Veil et les grandes dames de l'Histoire du monde , ont refait surface par le biais de leurs combats acharnés et de leurs idées lumineuses pour la création et la garantie des droits fondamentaux de la femme et de l'humanité toute entière.

L'IVG s'est vu dépénalisé, l'égalité des salaires devenue priorité, la considération au-delà du reste et l'extension des pouvoirs d'une femme trop souvent et injustement , par le passé , reléguée au dernier rang. La femme cessa de n'être que le prolongement d'un mari , d'un papa ou d'un frère. Elle détruit toute forme de tutelle , rejette la dépendance et impulse une nouvelle dynamique formidable : celle de son indépendance. Fin de l'instrumentalisation de son corps , maîtresse non plus que des hommes mais d'elle-même avant toute chose , la femme prend les devants d'une société encore engluée dans son vieux sexisme d'antan. L'égalité recherchée est devenue une lutte acharnée des sexes , une haine de l'homme , un mépris de l'autre et une guerre de pouvoir qui ne dit pas son nom[203]. C'est avec grand regret que Jean Gabard constate que les théories féministes non violentes engendrent des garçons violents. Dès lors, l'usage de la violence comme caractéristique du masculin serait

202 Clémence Bideaux, « Du féminisme de la 3ème vague » [archive], sur http://www.cs3r.org/ [archive] https://archive.wikiwix.com/cache/index2.php?url=http%3A%2F%2Fwww.cs3r.org%2F4355-du_f%25C3%25A9minisme_de_la_3%25C3%25A8me_vague#federation=archive.wikiwix.com&tab=url Consulté òe 18 03 2023 (1-3)

203 Mélissa, Mila, « Analyse de la dérive inquiétante du féminisme ». Le Club de Médiapart 08/08 (2022) : 1- 2.

une construction stéréotypée pour justifier un féminisme dominateur dont les vraies victimes seraient en définitive les hommes. Les stéréotypes desservent d'abord l'homme faisant de son image de force sa faiblesse et l'image de faiblesse de la femme la force la force de celle-ci.[204]

Toute tourne vers la miso-andrie comme le constate Natacha Polony lors des manifestations sur des pancartes : « Les mecs me dégoûtent », ou des tags sur les vitrines : « On se lève et on broie vos prostates ?»[205]. Aurèlie Lanctôt relève les mêmes prétentions en 2015 à l'occasion des manifestions de la Journée Mondiale des Femmes en France: « Tant que les femmes ne sont pas libres, nous serons en marche »[206]

Voici quelques dérives soulignées par Anne-Marie Le Pourhiet :

-Le mépris du statut et de la fonction de la femme au foyer dans les années 70, dont l'illustration la plus célèbre est le film-culte « Les femmes de Stepford (1975) ». Pour beaucoup, il était comme un phare de sensibilisation par l'absurde à l'émancipation de la femme. Ceci a été aux yeux de certaines femmes une insulte et une humiliation

-L'influence d'une gauche orthodoxe avec l'idéologie d'un gauche victimaire, stridente et intolérante de quiconque aurait l'outrecuidance de ne pas adhérer à l'orthodoxie de cette doctrine.

- Le silence au sujet du sort de certaines femmes au sein de certaines communautés culturelles au Québec, notamment la communauté arabo-musulmane. Les hauts cris au racisme, à l'islamophobie et à l'amalgame, mais surtout pas une campagne de

---

204 Cf Jean, Gabard, le féminisme et ses dérives. Du mal au père contesté (Paris 2006) : 117-119.

205 Natacha Polony. « Natacha Polony s'inquiète des dérives "d'une partie du féminisme". *RTL* 09/03 (2020):1.

206 Aurèlie Lanctôt, « Les «dérives» d'un certain féminisme, vraiment ? ». L'actualité 12/03 (2015) :1.

sensibilisation, pas une manifestation ni même un froncement de sourcils à l'égard des mariages forcés, des meurtres d'honneur[207].

Quant à Anne-Marie Le Pourhiet, elle constate que

> « Le lesbianisme politique, paré du doux nom de « sororité », est désormais ouvertement promu par le lobby féministe comme horizon indépassable du bonheur féminin. La « PMA pour toutes » est ainsi la consécration officielle par le législateur français d'une procréation « sans contact », destinée à éliminer la paternité. Pour assurer la reproduction idyllique d'un entre-soi saphique, pur de toute contamination virile, donc virale. »[208]

Devant de telles dérives, les jeunes générations ne savent plus comment vivre avec l'autre sexe. Quant aux enfants, ils n'ont souvent plus personne pour assumer la fonction de père et deviennent des enfants-rois. Jean Gabard professeur d'histoire et géographie français et écrivain va plus loin lorsqu'il évoque la dangerosité des dérives féministes pour le féminisme lui-même et la démocratie[209].

5.2 La *femme pour protéger la vie et la paix*

Précisons que le chapitre de l'Apocalypse est un récit descriptif de vision. Il commence par le verbe ὁράω (voir, contempler), à l'indicatif aoriste passif (ὤφθη) avec l'idée de ce qui est donné à voir, qui apparaît. La vision couvre icic une double connotation. Il s'agit avant tout de l'action de contempler une réalité, d'en saisir les contours, de s'en émerveiller et de la décrire et de la communiquer à d'autres. En situant l'objet de la vision dans le ciel, l'auteur, montre clairement qu'il s'agit de réalités supérieures, supranaturelles. Il est le témoin privilégié de scènes extraordinaires dont les personnages, l'environnement topographique, social et

---

207 Michel, Reid,. « Les désolantes dérives du mouvement féministe ». *La Presse* 10 /03 (2016) : 1-2.

208 Anne-Marie Le Pourhiet,. « Les dérives du néo-féminisme : « c'est la haine des hommes ! ». *Le Télégramme* 10/08 (2020) : 1-2.

209 Jean, Gabard, , « les dérives féministes nuisent au féminisme et à la démocratie ! Peut-on défendre les droits des femmes en ne respectant pas les droits de l'homme ? ». *P@ternet* 31/01 (2017) : 1-4.

géopolitique relève du monde céleste. Tout le drame se déroule comme un ensemble bien structuré de hiérophanies. Notre vision à nous se voudrait une perspective anthropologique, une herméneutique de l'idéal sociétal ayant un impact sur notre présent et l'avenir du monde. En somme, les réalités célestes, telles décrites illustrent bien les conflits séculaires entre le bien et le mal, entre les puissances de la lumière et de vie et celles des ténèbres et de la mort. L'heureuse issue de la victoire de l'humanité sur les guerres et les conflits est l'issue favorable de l'engagement conséquent au témoignage des serviteurs de l'Agneau.

Revenons-en à la vision céleste. Son objet est double. Il s'agit en 12,1 d'un grand signe (σημεῖον μέγα), au sens de symbole, c'est-à-dire, exprimant une réalité de laquelle elle participe. Il s'agit de la femme prototype de l'humanité combattante, investie de la puissance victorieuse. Le participe passif aoriste περιβεβλημένη (vêtue), suppose un agent extérieur à la femme et qui l'intègre au rayonnement de la puissance et de sa gloire céleste. Le participe parfait passif περιβεβλημένη de περιβάλλω (jeter ou mettre autour[210], endosser, porter un vêtement[211], habiller[212]) peut être interprété comme un passif divin, c'est-à-dire ayant pour agent Dieu lui-même. Les images évoquées par le verset témoignent de l'extrême beauté dont nulle créature ne peut naturellement disposer. La femme était vêtue du soleil (τὸν ἥλιον). Elle avait la lune sous les pieds (ἡ σελήνη ὑποκάτω τῶν ποδῶν αὐτῆς) et sur la tête une couronne de douze étoiles (ἐπὶ τῆς κεφαλῆς αὐτῆς στέφανος ἀστέρων δώδεκα). Pour mieux comprendre le signifié des images cosmiques, il est intéressant de revenir aux origines de la création des astres en Gn 1,14-17:

> Qu'il y ait des luminaires au firmament du ciel pour séparer le jour de la nuit, qu'ils servent de signes tant pour les fêtes que pour les jours et les années et qu'ils servent de luminaires au firmament du ciel pour illuminer la terre... Dieu fit les deux grands luminaires, le grand luminaire pour présider au jour, le petit pour présider à la nuit, et les étoiles. Dieu les plaça au firmament du ciel pour éclairer la terre »

---

210 Lc 19,43.

211 Mt 6,31; Mc 14,51; Lc 12,27; Jn 19,2; Ac 12,8; Ap 19,8.

212 Mc 16,5; Ap 7,9, 13; 11,3.

De la guerre à la paix durable

Urgence d'une géopolitique multipolaire à la lumière de Ap 21, 22-22,5.

Notons d'abord les rôles assignés aux astres

- Séparer (בדל) le jour de la nuit (Gn 1,14)
- Servir de signes (לְאֹתֹת הָיָה) pour les fêtes, les jours et l'années (Gn 1,14)
- Servir de luminaires (לִמְאוֹרֹת) pour éclairer (אוֹר) la terre (Gn 1,15.17)
- Présider (מֶמְשָׁלָה) au jour et à la nuit (Gn 1,16).

Il s'agit en fait de trois fonctions caractéristiques de la lumière qui se résument au verset 16 dans la formule laconique de « présider au jour et à la nuit ». Le participe substantif מֶמְשָׁלָה a le sens de domination, d'autorité sur[213], de souveraineté au sens territorial[214], de forces militaires, de siège, d'assujettissement[215]. En revenant au à l'Apocalypse 12, nous constatons que nous sommes en présence d'un récit d'intronisation royale. En effet, la femme avait pour vêtement le soleil, signe de la victoire qui dissipe les forces du mal et tous leurs suppôts qui pactisent avec les œuvres des ténèbres. Cette victoire de la lumière sur les ténèbres était déjà entrevue dans les récits de la transfiguration de Jésus sur la montagne.

Bien que les évangiles synoptiques aient rapporté la transfiguration de Jésus[216], ils n'avaient pas entrevu les détails cosmiques tels présentés dans la vision de la femme. En effet, le contexte littéraire des évangiles est différent. Il s'agit de l'évocation de la gloire de Jésus manifestée comme le nouveau Moise et le nouvel Elie, étant lui-même le Verbe de Dieu à écouter (Mt 17,5 ; Mc 9,7 ; Lc 28,35). En reconstruisant le portrait de Moïse pour Jésus, les évangiles tout en conservant l'aspect resplendissant du visage (τὸ εἶδος τοῦ προσώπου αὐτοῦ ἕτερον) ont opté particulièrement pour le vêtement (ἱματισμός) de Jésus au lieu de la peau du visage (עוֹר פְּנֵי מֹשֶׁה) rayonnant (קָרַן)[217] que Moïse couvrait d'un voile à cause de la crainte qu'il suscitait parmi les fils d'Israël. L'adjectif λευκός (brillant ; resplendissant) et le

---

213 Gn 1,16; Ps 136,8; Is 22,21.

214 1R 9,19; 2R 20,13; Ps 114,2.

215 2Chr 32,9.

216 Mt 17,1-13; Mc 9,2-8 ; Lc 9,28-36.

217 Ex 34,35.

verbe participe présent ἐξαστράπτων (rayonnant, brillant, solennisant) sont d'usage emphatique pour insister sur le caractère supranaturel du rayonnement. Marc éprouvera le besoin d'ajouter: « Et ses vêtements devinrent éblouissants, si blancs qu'aucun foulon sur terre ne saurait blanchir ainsi »[218].

Même l'évangile de Jean, en parlant des deux anges assis au tombeau ne les trouvait que vêtu de blanc (ἐν λευκοῖς)[219]. La note de Matthieu est intéressante lorsqu'elle ajoute un visage resplendissant comme le soleil (ὡς ὁ ἥλιος) et ses vêtements blancs comme la lumière (λευκὰ ὡς τὸ φῶς)[220]. Ainsi, le quatrième évangile nous prépare à entrer dans une meilleure compréhension du portrait de la dame.

La femme avait la lune sous les pieds (ἡ σελήνη ὑποκάτω τῶν ποδῶν αὐτῆς). Tout ceci répond à l'énoncé du début du verset, celui d'un signe grandiose (σημεῖον μέγα). La lune sous les pieds est l'expression de son autorité sur la nuit et les forces des ténèbres. L'auteur achève le portrait royal en présentant la femme couronnée d'étoiles (στέφανος ἀστέρων δώδεκα). Mais la lune est aussi signe de la fécondité maternelle. Celle-ci est soulignée par l'expression ἐν γαστρὶ ἔχουσα[221] (être enceinte/ Elle était enceinte). Ainsi, ce qui fait la valeur du couronnement n'est pas tant l'être femme mais surtout la porteuse de vie à naître. La femme enceinte criait dans le travail et les douleurs de l'enfantement (ὠδίνουσα, καὶ βασανιζομένη τεκεῖν). Le verset 2 utilise condense l'expression de la peine et de la douleur dans deux participes présents. Il s'agit de l'actif ὠδίνουσα du verbe ὠδίνω (souffrir les douleurs de l'enfantement, porter les angoisses, les tourments de l'enfantement[222]) et du passif βασανιζομένη du verbe βασανίζω (torturer, tourmenter[223] ; presser fort ;

---

[218] Mc 9,3,
[219] Jn 20,12.
[220] Mt 17,2.
[221] Ap 4,2.
[222] Cf Gal 4,19.27; Ap 12,2.
[223] Ap Mt 8,6.29; 2 P 2,8; Ap 122; 14,10.

ballotter ; harceler[224]). La forme infinitive aoriste infinitive τεκεῖν, du verbe τίκτω[225] (enfanter, accoucher) se réserve le privilège de désigner la fin ultime des douleurs, celle de donner naissance à une nouvelle vie. .

5.3- *La femme, aux antipodes des puissances de guerre et de conflits*

Toutes les forces du mal, de la guerre et des conflits sont représentées par le personnage du dragon. Il est l'incarnation de la laideur et de l'effroi. Il est d'abord désigné comme un animal féroce. Le vocable (δράκων)[226], dans la tradition biblique sert à désigner aussi le serpent antique (ὄφις ἀρχαῖος)[227], le diable (διάβολος)[228]. l'accusateur (κατήγωρ)[229] , le Satan (σατάν, σατανᾶς,)[230]. Il paraissant horrible, il avait l'aspect rouge feu (πυρρὸς) couleur du danger, de la violence et de la mort ; il avait sept têtes (κεφαλὰς ἑπτὰ) et dix cornes (κέρατα δέκα). Et chaque tête était surmontée d'un diadème (ἑπτὰ διαδήματα). Toutes ces images de puissances violentes sont corroborées par un énoncé de violence cosmique: « Sa queue, il balayait le tiers des étoiles du ciel, les précipita sur la terre ». Pis-est, il était posté devant la femme qui allait enfanter, pour dévorer l'enfant dès sa naissance[231]. Mais vains étaient ses harcèlements et ses menaces. Il ne pouvait empêcher la naissance de l'enfant mâle (υἱὸν ἄρσεν)[232] qu fut aussitôt enlevé auprès de Dieu et de son trône (πρὸς τὸν θεὸν

224 Ap Mt 14,24.

225 τίκτω : Cf Mt 1,21.23; Lc 2,6s. 11; Jn 16,21; Gal 4,27; Ap 12,2.4s.

226 Ap 12,3.

227 Mt 7,10; 10,16; Mc 16,18; Lc10,19; 11,11; Jn 3,14; 1 Cor 10,9; Ap 9,19. Au sens métaphorique : cf Mt 23,33; 2 Cor 11,3; Ap 12,9. 14s. 20,2.

228 Ap 12,3. 7,.9; 20,2.

229 Ap 12,10.

230 σατάν, σατανᾶς. L'adversaire, l'ennemi de Dieu et du peuple . Cf Mt 4,10; 12,26; Mc 1,13; 3,23. 26; 4,15; Lc 10,18; 11,18; 13,16; 22,3. 31; Jn 13,27; Ac 5,3; 26,18; Rm 16,20; 1 Cor 5,5; 7,5; 2 Cor 2,11; 11,14; 12,7; 1 Th 2,18; 2 Th 2,9; 1 Ti 1,20; 5,15; Ap 2,9. 13.24; 3,9; 12,9; 20,2. 7.

231 Ap 12,4.

232 Ap 12,5.

καὶ πρὸς τὸν θρόνον αὐτοῦ). Il est clair que le Créateur de la vie et roi de l'univers ne peut permettre que les forces du mal détruisent la vie qu'il initiée et donnée et toute vie est destinée à une vocation royale, celle de gouverner le monde. Au nouveau-né de la femme, il assigne la noble vocation d'etre berger et roi pour paître les nations avec un sceptre de fer (ὃς μέλλει ποιμαίνειν πάντα τὰ ἔθνη ἐν ῥάβδῳ σιδηρα). Mieux, il sécurise la femme en lui préparant une place au désert pour être nourrie mille deux cent soixante jours.

5.4 Femme secours de l'humanité en crise

L'auteur poursuit le récit en associant la cohorte céleste au combat contre les puissances mortifères. C'étaient Michel et ses anges contre Dragon et de ses anges chassés du ciel (Ap 12,8) et précipité sur la terre (Ap 12,9). C'est en vain qu'ils frémissaient de colère car leurs jours étaient désormais comptés (Ap 12,12). Ils pouvaient encore se lancer à la poursuite de la femme (v,13), mais elle reçut les deux ailes du grand aigle pour voler au désert, loin du Serpent, pour être nourrie un temps et des temps et la moitié d'un temps (v.14). Même la terre participe au combat pour la femme en engloutissant le fleuve d'eau derrière elle[233] (V. 16). , vomi par le Dragon pour l'entraîner dans ses flots (v.15). Mais le combat s'étant désormais à toute l'humanité puisque le Dragon furieux contre la femme, s'en alla guerroyer contre le reste de ses enfants, et spécialement ceux qui gardent les commandements de Dieu et possèdent le témoignage de Jésus (v.17). Mais la victoire de la femme et de sa progéniture est certaine. Du ciel furent proclamées la victoire, la puissance et la royauté de Dieu, et l'autorité de son Christ (Ap 12,10) en l'honneur des saints qui l'ont vaincu par le sang de l'Agneau et par la parole dont ils ont témoigné. Ceux-ci en effet, ils ont méprisé leur vie jusqu'à mourir (Ap 12,11). Ap 14,4 considéreras les serviteurs fidèles de l'Agneau comme des purs qui ne se sont pas souillés avec des

---

233 Ap 12,16.

femmes, car ils sont vierges. Ils suivent l'agneau partout où il va. Ils ont été rachetés d'entre les hommes comme prémices pour Dieu et pour l'agneau, D'ores et déjà, c'est l'ère de la joie pour les cieux et leurs habitants (Ap 12,12).

Conclusion

Ce parcours biblique nous a permis de découvrir la profondeur et la densité du message apocalyptique de Ap 21,22-22,5. Dans une structure littéraire et théologique bien charpentée, l'auteur a fait la peinture d'un double tableau, présent et futur. Dans un présent concret, Dieu fait irruption dans l'histoire des hommes pour assurer leur sécurité, leur santé et leur salut. La lumière de la gloire de Dieu féconde tous les efforts de l'homme et en devient le tremplin pour l'accès à la cité. Ainsi, l'Apocalypse devient un message actuel, un témoignage rendu à la gloire de Dieu manifesté dans notre histoire.

De plus, l'irruption de l'eschatologie dans le présent est source d'espérance pour toute l'humanité. La communion définitive des élus avec Dieu jusqu'à la consommation des temps a déjà commencé (Ap 22, 5). Le présent est donc déjà rempli de l'avenir. C'est là le secret de la victoire des élus de Dieu sur le mal. Tous ceux qui acceptent d'entrer dans ce présent de l'humanité vivent pleinement en harmonie avec l'Absolu, avec les cosmos, avec la société et avec eux-mêmes. Cette anthropologie de quadruple relationalité a l'avantage de penser la personne humaine comme une densité-projet, en tension d'accomplissement. Dès lors, la plénitude à atteindre devient potentialité d'espérance qui engage quotidiennement à transformer le chronos (χρόνος) en kairos (καιρός), le temps mesurable en temps historique de Dieu, temps de l'accomplissement de ses desseins. Dans cette perspective, l'eschatologie n'est pas la fin de l'histoire mais la dynamique d'accomplissement semée dans l'histoire humaine. Dès lors, il n'y a plus de place pour un destin implacable ou la fatalité. La présence de Dieu et l'Agneau suscite en tous et chez tous les peuples, la conversion de cœur pour n'offrir en faveur de l'humanité tout ce qui rend honneur et gloire à Dieu. C'est en payant ce denier géopolitique que tous collaborent à l'émergence d'un monde de solidarité et de paix. Les guerres et les conflits laisseront la place à la vie paradisiaque où selon Gn 1,28, somme est appelés à gérer la création en imitant Dieu dont nous sommes des images des ressemblances de Dieu.

Pour parvenir à la plénitude de la paix, la figure archétypale de la femme de l'Apocalypse 12 nous est proposée à la fois comme modèle et école. Vêtue du soleil, ayant la lune sous les pieds et portant une couronne à douze étoiles, elle règne dans la gloire de son Créateur sur toute la création. Elle est rendue victorieuse des forces du mal et des ténèbres incarnées par Dragon et des anges. Elle protège et défend tous ceux qui deviennent en compagnie de son Fils deviennent des bâtisseurs de la paix. C'est elle qui des ailes d'aigle s'envole au désert loin de l'atteinte des puissances mortifères. Elle est le modèle de l'humanité totalement soumise à Dieu et qui ne trouve son bonheur qu'à obéir à ses ordres. Elle est aussi un modèle pour le fait qu'elle engendre celui qui doit paitre les nations avec un sceptre en fer, c'est-à-dire engendrer par nos actes les autres à la vie et les promouvoir pour être eux aussi porteurs de vie et d'espérance pour un monde paix. La femme est aussi une école, car chacun de ses actes témoigne de l'abandon entre les mains de Dieu qui défend et promeut la vie. Avec elle, nous apprenons à vivre dans l'abandon, la confiance et la foi. Dès lors, nous avons l'assurance que celui qui tient en mains les rênes de la créations veille sur nous et par son armée céleste et le concours des puissances cosmiques comme la terre qui a avalé le fleuves vomi par le dragon pour engloutir la femme.

Cette figure de la femme interpelle notre société en crise qui vit pleinement et quotidiennement des crise à l'internationale comme les deux première guerres mondiales, la guerre froide, les guerres menées par les puissances occidentales au Kossovo, en Irak, en Syrie, en Iran, en Lybie, en Côte-d'Ivoire, au Yémen, les nombreuses crises politiques en Centrafrique, le génocide du Rwanda, les terrorismes créé et entretenus au Sahel en Afrique et dans beaucoup de régions du monde qui ravagent les populations. Il faut reconduire la femme au cœur de l'histoire humaine en lui conférant toute sa dignité et en lui confiant les secteurs les plus délicats de la vie sociales et politiques où elles pourront donner le meilleurs d'elle-même pour générer la paix, la solidarité et la parité multipolaire ente les États. Cette perspective du rôle de la femme n'a rien de commun avec des tendances féministes qui éloignent la femmes de sa dignité humaine et de sa vocation naturelle de génération. Elle est plutôt, une redécouverte des charismes naturels de la femme, être d'intuition, mère généreuse, promotrice et protectrice de la vie et de la paix. La femme réadmise dans son rôle aidera à l'accomplissement total des idéaux sociétaux : un monde réconcilié qui offre à Dieu son denier géopolitique honneur et de gloire.

BIBLIOGRAPHIE

1. Apocalypse

Abecassis, Armand, *La Pensée juive. 4, Messianités : éclipses politiques et éclosions apocalyptiques* (Paris 1996).

Allo, E.-B, *Saint Jean. L'Apocalypse* (ÉtB; Paris: Gabalda, 1921).

Allo, Bernard, « La structure de l'Apocalypse de S. Jean », *Revue Biblique (1892-1940). Nouvelle Série,* 8/ 4 / 10 (1911) : 481-501.

De la guerre à la paix durable

Urgence d'une géopolitique multipolaire à la lumière de Ap 21, 22-22,5.

Arino, Marc. *L'Apocalypse selon Michel Tremblay. Prologue : Apocalypse et apocalyptique(s)* (Bordeaux 2007).

Attinger, Daniel. *Apocalypse de Jean : A la rencontre du Christ dévoilé, Mont-sur-(* Lausanne 2005).

Aune, D. E., *Revelation* (WBC 52A-C; Dallas, TX: Nelson, 1997-1998).

Barclay, W., *Letters to the Seven Churches* (SCM Paperback; London: SCM, 1969).

Baslez, Marie-Françoise « L'émergence d'une sensibilité apocalyptique dans l'histoire ». Recherches de Science Religieuse 108 01. (2020): 13-26.

Bauckham, R. J, *The Theology of the Book of Revelation* (New Testament theology; Cambridge: University Press, 1993); tr. it. *La teologia dell'Apocalisse* (Teologia del Nuovo Testamento; Brescia: Paideia, 1994).

-------, *The Climax of Prophecy*. Studies on the Book of Revelation (Edinburgh: Clark, 1993).

-------,*The Climax of Prophecy*. Studies on the Book of Revelation (Edinburgh: Clark, 1993).

-------, *The Theology of the Book of Revelation* (New Testament theology; Cambridge: University Press, 1993); tr. it. *La teologia dell'Apocalisse* (Teologia del Nuovo Testamento; Brescia: Paideia, 1994).

Beale,G. K., *The Book of Revelation*. A Commentary on the Greek Text (NIGTC; Grand Rapids, MI: Eerdmans, 1999).

Beauchamp, Paul, « Le genre littéraire apocalyptique » in *L'Apocalyptique* (Session pluridisciplinaire. Centre Sèvres.), « Travaux et Conférences du Centre Sèvres 23 » (Paris 1991).

Biguzzi, G *Apocalisse. Nuova versione, introduzione e commento* (I Libri Biblici. Nuovo Testamento 20; Milano: Paoline, 2005, 2011).

-------, *I settenari nella struttura dell'Apocalisse.* Analisi, storia della ricerca, interpretazione (SRivBib 31; Bologna: EDB, 1996, 2004).

-------, *L'Apocalisse e i suoi enigmi* (StBi 143; Brescia: Paideia, 2004).

Bonhomme, M. Jiménez, *L'Apocalisse.* La storia illuminata dalla gloria di Cristo (Bibbia per tutti; Assisi: Cittadella, 1996).

Bonsirven, J., *L'Apocalypse de Saint Jean* (VSal 16; Paris: Beauchesne, 1951); tr. it. *L'Apocalisse di San Giovanni* (VSal; Roma: Editrice Studium, 1958).

Boring, M. E., *Revelation* (Interpretation. A Bible Commentary for Teaching and Preaching; Louisville, KY: Knox, 1989).

Bosetti, E. –Colacrai A. (ed.), *Apokalypsis.* Percorsi nell'Apocalisse in onore di Ugo Vanni (Commenti e studi biblici; Assisi: Cittadella, 2005).

Bousset, W., *Die Offenbarung Johannis* (KEK 16; Göttingen: Vandenhoeck & Ruprecht, 1906, 1966).

Brugière, Bernard. « Qu'appelle-t-on aujourd'hui littérature apocalyptique ? » in *Âge d'or et Apocalypse* (sous la dir. de Bernard Brugière et Robert Ellrodt), (Paris 1986): 113-128.

Brunel, Pierre, « Peut-il exister des mythes eschatologiques ? » in *La Fin des Temps*, Talence, Cahiers du L.A.P.R.I.L., « Eidôlon », 57 (2000) : 9-22.

Cambronne, Patrice, « À l'aube de la pensée apocalyptique ». *La Fin des Temps*, Talence, Cahiers du L.A.P.R.I.L., « Eidôlon », 57 (2000) 23-46.

Caird, G. B., *A Commentary on the Revelation of St. John the Divine* (BNTC; London: Black, 1984).

Cerfaux, Lucien. *L'Apocalypse de Saint Jean lue aux Chrétiens* (Paris 1955).

Charles, R. H., *A Critical and Exegetical Commentary on the Revelation of St. John* (ICC; Edinburgh: Clark, 1920) I-II.

Charlier, Jean-Pierre, *Comprendre l'Apocalypse* (Tome 1 et II), (Paris 1991).

Charpentier, E.et al., *Une lecture de l'Apocalypse* (CEv 11; Paris: Cerf, 1975).

Chauvin, Danièle, « Apocalypse » in *Dictionnaire des mythes littéraires* (sous la dir. de Pierre Brunel) (Paris, 1988,)106-127.

Collins, A. Y., *Crisis and Catharsis.* The Power of the Apocalypse (Philadelphia, PA: Westminster, 1984).

Derrida, Jacques, *D'un ton apocalyptique adopté naguère en philosophie,* (Paris 1983).

Desrosiers, G., *An Introduction to Revelation* (Continuum Biblical Studies; London: Continuum, 2000).

Doyle, Stephen C., Apocalypse : *A Catholic Perspective on the Book of Revelation* (Jerusalem 2005).

Durand, Gilbert, « Les mythèmes du décadentisme » in *Décadence et Apocalypse*, Dijon, Publications de l'Université de Bourgogne et du Centre de recherches sur l'image, le symbole et le mythe (Paris 1986).

Ellul, J. (1974), « Le rapport de l'homme à la Création selon la Bible », *Foi et Vie*, 75/5-6 12 (1974).

-------., *Éthique de la liberté* T. 2 (Nouvelle série théologique 30; Genève 1975).

-------., *Conférence sur l'Apocalypse de Jean* (Nantes 1985).

-------., *Sans feu ni lieu. Signification biblique de la Grande Ville* (Paris 2003)).

-------, *L'illusion politique* (Paris 2004).

------- , « Politique de Dieu, politiques de l'homme », *Le défi et le nouveau. Œuvres théologiques 1948-1991* (Paris 2007).

-------, (2008 [1975]), *L'Apocalypse. Architecture en mouvement* (Essais bibliques 44 ; Genève 2008).

Eyt, Pierre, « Apocalyptique, utopie, espérance » in *Apocalypses et théologie de l'espérance*, (Lectio Divina; Paris 1997). Congrès et travaux de l'Association Catholique Française pour l'Étude de la Bible » 485 p., p. 441-457.

Feuillet, A., *L'Apocalypse.* État de la question (SN.S 3; Paris: Desclée, 1963).

Flegg, C. G., *An Introduction to Reading the Apocalypse* (Crestwood, NY: St. Vladimir's Seminary Press, 1999).

Focant, Camille, « La structure et l'interprétation de l'Apocalypse de Jean. une proposition », *Revue Théologique de Louvain* 44/04 (2013) : 518-538.

Fruchon, Pierre, « Sur l'interprétation des apocalypses », *Apocalypses et Théologie de l'espérance.*» (Lectio Divina 95; Paris 1977) :356.

Gentry, K. L. Jr., *Before Jerusalem Fell.* Dating the Book of Revelation: an Exegetical and Historical Argument for a Pre-A.D. 70 Composition (San Francisco – London – Bethesda, MD: Christian University Press, 1997).

Georges, A.- Grelot, P., *Introduction à la Bible, le Nouveau Testament T.4, la Tradition Johannique* (Paris 1977).

Gibert, Pierre. 2016. « Dans la Bible, l'Apocalypse est un texte politique ». Mensuel 422 (04).

Giesen, H., *Die Offenbarung des Johannes* (RNT; Regensburg: Pustet, 1997).

Gisel, Pierre, « La fin de l'histoire vue au travers de la matrice apocalyptique » in *L'Apocalyptique* (Session pluridisciplinaire. Centre Sèvres) (Paris 1991).

Hadorn, W., *Die Offenbarung des Johannes* (ThHK 18; Leipzig: Scholl, 1928).

Hemer, C. J., *The Letters to the Seven Churches of Asia in Their Local Settings* (JSNT.S 11; Sheffield: JSOT, 1986).

Heuclin, Joseph-Marie. *Nouvelle explication de l'Apocalypse : ou histoire générale de la guerre entre le bien et le mal (*Jerusalem 1844).

Ibarrondo, X. Pikaza, *Apocalipsis* (Guías de lectura del Nuevo Testamento 17; Estella: Verbo Divino, 1999); tr. it. *Apocalisse* (Guide alla lettura del Nuovo Testamento 17; Roma: Borla, 2001).

Jacob, Edmond, « Aux sources bibliques de l'apocalyptique » in *Apocalypse et théologie de l'espérance*, « Congrès et travaux de l'Association Catholique Française pour l'É, Claude (sous la dir. de), *Apocalypses et voyages dans l'au-delà,* (Paris 1987).

Jiménez, M. Bonhomme, *L'Apocalisse*. La storia illuminata dalla gloria di Cristo (Bibbia per tutti; Assisi: Cittadella, 1996).

Kambi, Emmanuel, « Qui sont les 7 Anges de l'Apocalypse 8,2 ?», *Kambi Ministries : Expliquez-moi la Bible* 16/02 (2022) : 1-2.

Kappler, Claude, *Apocalypses et voyages dans l'au-delà* (Paris 1987).

Karrer, M., *Johannesoffenbarung als Brief.* Studien zu ihrem literarischen, historischen und theologischen Ort (FRLANT 140; Göttingen: Vandenhoeck & Ruprecht, 1986).

Kassing, A., *Die Kirche und Maria.* Ihr Verhältnis im 12. Kapitel der Apokalypse (Würzburg: Patmos, 1958).

Kraft H., *Die Offenbarung des Johannes* (HNT 16a; Tübingen: Mohr, 1974).

Lambrecht, J. (ed.), *L'Apocalypse johannique et l'Apocalyptique dans le Nouveau Testament* (BEThL 53; Leuven: Peeters, 1980).

Larousse, virginie. 2022. « histoire d'une notion : l'apocalypse ou l'histoire sans fin de la fin du monde ». *Le Monde* 15 (08).

Lassus (de), Alain M, « L'usage de l'Ancien Testament dans l'Apocalypse », *Aletheia* (2015) 1-35.

--------, Alain-Marie « La figure de l'ange thuriféraire en Apocalypse 8 », *Nouvelle revue théologique* 143/ 01 (2021) :15-33

Laubier, Patrick, *L'Eschatologie*, Paris, PUF, « Que sais-je ? », 3352 (1998) : 127.

Lawrence D.H., *Apocalypse*, (Paris 2002).

Lohmeyer, E., *Die Offenbarung des Johannes* (HNT 16; Tübingen: Mohr, ^{3}1970).

Loisy, A., *L'Apocalypse de Jean* (Paris: Nourry, 1923).

Massyngberde, Ford J., *Revelation.* Introduction, Translation and Commentary (AncB 38; Garden City, NY: Doubleday, 1980).

Müller, U. B., *Die Offenbarung des Johannes* (ÖTBK 19; Gütersloh – Würzburg: Echter – Gütersloher, 1984).

Pikaza, X Ibarrondo., *Apocalipsis* (Guías de lectura del Nuevo Testamento 17; Estella: Verbo Divino, 1999); tr. it. *Apocalisse* (Guide alla lettura del Nuovo Testamento 17; Roma: Borla, 2001).

Prigent, P., *L'Apocalypse de saint Jean* (Édition revue et augmentée) (Commentaire du Nouveau Testament 14; Genève: Labor et Fides, 2000); tr. it.

L'Apocalisse di S. Giovanni (Commenti biblici; Roma: Borla, 1985); tr. ingl. *Commentary on the Apocalypse of St. John* (Tübingen: Mohr, 2001).

------, *Flash sur l'Apocalypse* (Paris: Delachaux & Niestlé, 1974).

------, *L'Apocalisse di S. Giovanni* (Commenti biblici; Roma: Borla, 1985); tr. ingl. *Commentary on the Apocalypse of St. John* (Tübingen: Mohr, 2001).

Raphaël, Freddy. « Esquisse d'une typologie de l'apocalypse ». *L'Apocalyptique*, Publications du Centre de recherches d'histoire des religions de l'Université de sciences humaines de Strasbourg, « Études d'histoire des religions » (Paris 1977).

Resseguie, J. L., *The Revelation of John*. A Narrative Commentary (Grand Rapids, MI: Baker Academic, 2009).

Roloff, J., *Die Offenbarung des Johannes* (ZBK.NT 18; Zürich: Theologischer Verlag, 1984); tr. ingl. *The Revelation of John.* A Continental Commentary (Continental Commentaries; Minneapolis, MN: Fortress, 1993).

Schlegel, Jean, « La fonction socio-politique de l'imaginaire apocalyptique ». *L'Apocalyptique* (Session pluridisciplinaire. Centre Sèvres. 17-28 septembre 1990.), Médiasèvres, « Travaux et Conférences du Centre Sèvres 23 » (Paris,1991).

Schüssler, E. Fiorenza., *Revelation*. Vision of a Just World (Proclamation commentaries; Minneapolis, MN: Fortress, 1991); tr. it. *Apocalisse.* Visione di un mondo giusto (Brescia: Queriniana, 1994); tr. ted. *Das Buch der Offenbarung.* Vision einer gerechten Welt (Stuttgart: Kohlhammer, 1994); tr. sp. *Apocalipsis*. Visión de un mundo justo (Ágora 3; Estella: Verbo Divino, 1997).

Silva (de), D. A., *Seeing Things John's Way*. The Rhetoric of the Book of Revelation (Louisville, KY: Westminster John Knox, 2009).

Smalley, S. S., *The Revelation of John*. A Commentary on the Greek Text of the Apocalypse (Downers Grove, IL: InterVarsity, 2005).

Sweet, J., *Revelation* (TPI New Testament Commentaries; London: SCM, ^{2}1990).

Thompson, L. L., *The Book of Revelation*. Apocalypse and Empire (New York: Oxford University, 1990).

------, *The Book of Revelation*. Apocalypse and Empire (New York: Oxford University, 1990).

Trebilco, P., *The Early Christians in Ephesus from Paul to Ignatius* (WUNT 166; Tübingen: Mohr, 2004).

Vanni, U. , *Apocalisse e Antico Testamento*. Una sinossi (Ad uso degli studenti) (Roma: Pontificio Istituto Biblico, 2000).

------, *Apocalisse*. Ermeneutica, esegesi, teologia (SRivBib 17; Bologna: EDB, 1988, 2005); tr. sp. *Lecturas del Apocalipsis*. Hermenéutica, exégesis, teología (Estella: Verbo Divino, 2005).

Vawter, B.], *Revelation*. A Divine Message of Hope (Pamphlet 51; New Haven, CT: Knights of Columbus, 1956).

Vermeylen, Jacques. « L'émergence et les racines de l'Apocaclyptique ». Revue de Théologie de Théologie et philosophie 129 (Paris 1997): 321-340.

Wikenhauser, A., *Die Offenbarung des Johannes* (RNT 9; Regensburg: Pustet, ^{3}1959); tr. it. *L'Apocalisse di Giovanni* (Il Nuovo Testamento Commentato

9; Brescia: Morcelliana, 1960); tr. sp. *El Apocalipsis de San Juan* (Comentario de Ratisbona al Nuevo Testamento 9; Barcelona: Herder, 1981).

Winter, Jean-Pierre, « La femme de Loth » in *Psychanalyse et apocalypse. Journées de mai 1981.* (sous la dir. de René Major) (Paris 1982): 13-23.

Zahn T., *Die Offenbarung des Johannes* (Kommentars zum Neuen Testament; Leipzig – Erlangen: Deichert, 1924, 1926) I-II, in un volume (Wuppertal: Brockhaus, 1986).

2. Genesi

Banon, D., « Création et origine », *Pardès* 2/31 (2001) 59 - 72.

Bauer, O., « L'alimentation comme faute, comme peine et comme énergie (genèse 2,25 - 3,17) », *Lire et dire. Études exégétiques en vue de la prédication*, 102/4 (2014) 3-14.

Beauchamp, P., *Création et Séparation. Étude exégétique du premier chapitre de la Genèse*, Lectio Divina 201, Cerf, Paris 2005 (1re éd. 1969), 423 p.

Brueggemann, W., *Genesis* (Interpretation Commentary; Atlanta, GA: John Knox, 1982) = Genesi (Strumenti e commentari; Torino: Claudiana, 2002).

Carr, D.M., *Genesis 1-11* (International Exegetical Commentary on the Old Testament; Stuttgart: Kohlhammer, 2021.

------, *The Formation of Genesis 1–11: Biblical and Other Precursors* (Oxford – New York: Oxford University Press, 2020).

Ebach, J., *Genesis 37-50* (HTKAT; Freiburg im Breisgau: Herder, 2007).

Evans C.A.– Lohr J.N. –. Petersen, D.L., *The Book of Genesis: Composition, Reception, and Interpretation* (VTS 152; Leiden – Boston: Brill, 2012).

Fischer, G., *Genesis 1-11 übersetzt und ausgelegt* (HTKAT; Freiburg – Basel – Wien: Herder, 2018).

Gertz, J.C. , *Das erste Buch Mose (Genesis). Die Urgeschichte Gen 1–11* (ATD Neubearbeitungen 1; Göttingen: Vandenhoeck & Ruprecht, 2018.

Giuntoli, F., *Genesi 1-11. Introduzione, traduzione, commento* (Nuova versione della Bibbia dai testi originali 1; Cinisello Balsamo [MI]: San Paolo, 2013).

Goldingay, J., *Genesis* (Baker Commentary on the Old Testament: Pentateuch; Grand Rapids, MI: Baker Academic, 2020).

Grypeou E.– Spurling H. (eds.), *The Book of Genesis in Late Antiquity: Encounters between Jewish and Christian Exegesis* (Jewish and Christian Perspectives, 24; Leiden: Brill: 2013).

Gunkel, H., *Genesis* (GHAT; Göttingen: Vandenhoeck & Ruprecht, ^{3}1910, 1969) = *Genesis*. Translated by M.E. Biddle (Mercer Library of Biblical Studies; Macon, GA: Mercer University Press, 1997).

Hendel, R., *The Book of Genesis: A Biography* (Princeton, NJ: Princeton University Press, 2013).

Hinschberger, R., « Image et ressemblance dans la tradition sacerdotale Gn 1,26-28 ; 5,1-13 ; 9,6b », *Revue des sciences religieuses* 59/3/4 (1985) 185-199.

Joosten, J., « L'arbre de la connaissance du bien et du mal dans son contexte biblique », *Genèse 2,17* (éd. Matthieu Arnold, Gilbert Dahan, Annie Noblesse-Rocher; Paris: Cerf, 2016)17-36.

------, « Que s'est-il réellement passé au jardin d'Eden », Revue des sciences religieuses 86/4 (2012) 493-501.

Junod, É. « Une interprétation originale de Genèse 1,28 indûment attribuée à Origène ». *Revue d'Histoire et de Philosophie religieuses* 71-1 (1991) 11-31.

L'Hour, J., *Genèse 2,4b-4,26. Commentaire* (Études bibliques. Nouvelle série 78; Leuven-Paris - Bristol, CT: Peeters, 2018).

------, *Genèse 1-2,4a. Commentaire* (Études bibliques. Nouvelle série 71; Leuven – Paris – Bristol, CT: Peeters, 2016).

McKeown, J., *Genesis* (The Two Horizons Old Testament Commentary; Grand Rapids, MI: Eerdmans, 2008).

Merode (de) M., « une aide qui lui corresponde ». L'exégèse de Gn. 2, 18-24 dans les écrits de l'Ancien Testament, du judaïsme et du Nouveau Testament, *Revue Théologique de Louvain* 3 (1977) 329-35.

Moberly, R. W. L., *The Theology of the Book of Genesis* (Old Testament Theology; Cambridge: Cambridge University Press, 2009).

Schüle, A., *Die Urgeschichte (Genesis 1-11)* (Zürcher Bibelkommentare AT 1.1; Zürich: Theologischer Verlag, 2009).

Titus, J., « Théologie du second récit de création (Genèse 2,5-3,24) », *Transversalités* 3/134 (2015) 83-107.

Touzet, P., « et Dieu vit que c'était bon », *création évolutive* 44 /24/05/ (2022) 1-2.

Wenham, G.J., *Genesis 1-15* (WBC 1; Waco, TX: Word Books, 1987).

Wénin A., (ed.), *Studies in the Book of Genesis. Literature, Redaction and History* (BETL 155; Leuven: Peeters, 2001).

------., « Le récit de la bénédiction et ses enjeux dans le livre de la genèse, *Kanien, Revue semestrielle de recherches en théologie et sciences humaines* (2019) 4-35.

Westermann, C., *Genesis 1-2-3* (BK I,1-2-3; Neukirchen-Vluyn: Neukirchener Verlag, 1974, 1981, 1982) = *Genesis I-II-III* (London: SPCK – Minneapolis, MN: Augsburg/Fortress Press, 1984, 1985, 1986).

3 Isaïe

Hanson, P.D., *Isaiah 40-66* (Interpretation. A Bible Commentary for Teaching and Preaching; Louisville, KY: John Knox, 1995) = *Isaia 40-66* (Strumenti – Commentari; Torino: Claudiana, 2006).

Skinner, J., *The Book of the Prophet Isaiah Chapters XL-LXVI* (Cambridge Bible; Cambridge: University Press, 1917).

Oswalt, *The Book of Isaiah: Chapters 40-66* (NICOT; Grand Rapids, MI: W.B. Eerdmans, 1998) (discutibile).

Paul, Sh., *Isaiah 40-66* (Eerdmans Critical Commentary; Grand Rapids, MI: Eerdmans, 2012).

Sweeney, *Isaiah 40–66* (FOTL; Grand Rapids, MI: Eerdmans, 2016).

Watts, J.D.W., *Isaiah 34-66* (cf. *supra*).

Westermann, C., *Das Buch Jesaja. Kapitel 40-66* (ATD 19; Göttingen: Vandenhoeck & Ruprecht, 1966; 1986) = *Isaiah 40-66* (OTL; London: SCM – Philadelphia, PA:

Westminster, 1969) = *Isaia (Capp. 40-66). Traduzione e commento* (AT 19; Brescia: Paideia, 1978).

Whybray, R.N., *Isaiah 40-66* (NCB; London: Oliphants, 1975 – Grand Rapids, MI: W.B. Eerdmans, 1981).

4 Ezéchiel

Anthonioz, S., « Les visions dans le livre d'Ézéchiel: notes critiques », *RHR* 236 (2019/3) 577-589.

Antonissen, H., "Architectural Representation Technique in New Jerusalem, Ezekiel and the Temple Scroll", in K. Berthelot – D. Stökl Ben Ezra (eds.), *Aramaica Qumranica: Proceedings of the Conference on the Aramaic Texts from Qumran in Aix-en-Provence, 30 June - 2 July 2008* (STDJ 94; Leiden: Brill, 2010) 485-513.

Babota, V., "The Sons of Zadok, the Hasmonean Royal High Priesthood, and the Book of Ezekiel", *RevQ* 32,1 [115] (2020) 79-116.

Barthélemy, D., "Les relations de la Complutensis avec le papyrus 967 pour Ez 40,42 a 46,24", in D. Fraenkel (ed.), *Studien zur Septuaginta. Robert Hanhart zu Ehren aus Anlaß seines 65. Geburtstages* (Mitteilungen des Septuaginta-Unternehmens, 20 / Abhandlungen der Akademie der Wissenschaften in Göttingen, Philologisch-historische Klasse 3, 190; Göttingen: Vandenhoeck & Ruprecht 1990) 253-261.

Bergsma, J. S., "The Restored Temple as 'Built Jubilee' in Ezekiel 40-48", *Proceedings of the Eastern Great Lakes and Midwest Biblical Society* 24 (2004) 75-85.

--------, The Jubilee from Leviticus to Qumran. A History of Interpretation (VTSup 115; Leiden: Brill, 2007).

Block, D. I., "Envisioning the Good News: Ten Interpretive Keys to Ezekiel's Final Vision", in D. I. Block, *Beyond the River Chebar: Studies in Eschatology and Kingship in Ezekiel* (Eugene, OR: Cascade Books – Wipf & Stock, 2013) 158-174.

--------., "Guarding the Glory of YHWH: Ezekiel's Geography of Sacred Space", in D. I. Block, *Beyond the River Chebar: Studies in Eschatology and Kingship in Ezekiel* (Eugene, OR: Cascade Books – Wipf & Stock, 2013) 175-196.

Bodi, D., "Le prophète critique la monarchie: le terme nāśīʾ chez Ézéchiel," in A. Lemaire (ed.), Prophètes et rois: Bible et Proche-Orient (Lectio Divina hors série; Paris: Cerf, 2001) 249-257.

Boyle, B., "The Figure of the Nasi in Ezekiel's Vision of the New Temple (Ezekiel 40–48)", *Australian Biblical Review* 58 (2010) 1-16.

Collins, J. J., "Models of Utopia in the Biblical Tradition", in S. M. Olyan – R. C. Culley (eds.), "A Wise and Discerning Mind". *Essays in Honor of Burke O. Long* (Brown Judaic Studies, 325; Providence, RI: Brown University, 2000) 51-67.

Cook, S. L., "Ezekiel's God Incarnate! The God that the Temple Blueprint Creates", in P. M. Joyce – D. Rom-Shiloni (eds.), *The God Ezekiel Creates* (LHB/OTS 607; London & New York: Bloomsbury T&T Clark, 2015) 132-149.

Darr, K. Pfisterer, "The Wall Around Paradise. Ezekielian Ideas about the Future", *VT* 37 (1987) 271-279.

Duguid, I. M., *Ezekiel and the Leaders of Israel* (VTSup 56; Leiden: Brill, 1994).

Ederer, M., "Die Tora des Ezechiel als Kommentar zur Tora des Mose?", in C. Dohmen (ed.), *Das Alte Testament und seine Kommentare: literarische und hermeneutische Orientierungen* (SBB 81; Stuttgart: Katholisches Bibelwerk, 2021) 153-177.

Ganzel, T. – S. E. Holtz, "Ezekiel's Temple in Babylonian Context", *VT* 64 (2014) 211-226.

Ganzel, T., "The Reworking of Ezekiel's Temple Vision in the Temple Scroll", in J. Jokiranta – M. M. Zahn (eds.), *Law, Literature, and Society in Legal Texts from Qumran: Papers from the Ninth Meeting of the International Organization for Qumran Studies*, Leuven 2016 (STDJ 128; Leiden: Brill, 2019) 230-252.

------, *Ezekiel's Visionary Temple in Babylonian Context* (BZAW 539; Berlin: De Gruyter, 2021).

------, "First-Month Rituals in Ezekiel's Temple Vision: A Pentateuchal and Babylonian Comparison", CBQ 83 (2021) 390-406.

García Martínez, F., "L'interprétation de la Torah d'Ezéchiel dans les MSS de Qumran", *RevQ* 13,1-4 [49-52] (1988) 441-452; = F. García Martínez – É. Puech (eds.), Mémorial Jean Carmignac: études Qumrâniennes (Paris: Gabalda, 1988) 441-452.

Gese, H., *Der Verfassungentwurf des Ezechiel (Kap. 40-48) traditionsgeschichtlich untersucht* (BHT 25; Tübingen: Mohr [Siebeck], 1957).

Gordon, B. D., "Chap. 3: The Sacred Reserve of Yahweh in Ezekiel's Temple Vision", in *his Land and Temple: Field Sacralization and the Agrarian Priesthood of Second Temple Judaism* (Studia Judaica, 87; Berlin: De Gruyter, 2020) 84-116.

Gosse, B., "Le temple dans le livre d'Ézéchiel en rapport à la rédaction des livres des Rois", BTB 26 (1996) 40-47.

Goswell, G., "The Prince Forecast by Ezekiel and Its Relation to Other Old Testament Messianic Portraits", *BN* 178 (2018) 53-73.

Goudoever, J. van, "Ezekiel Sees in Exile a New Temple-City at the Beginning of a Jobel Year", in J. Lust (ed.), *Ezekiel and His Book. Textual and Literary Criticism and their Interrelation* (BETL 74; Leuven: Leuven University Press, 1986) 344-349.

Greenberg, M., "The Design and Themes of Ezekiel's Program of Restoration", *Int* 38 (1984) 181-208; = [same title], in J. L. Mays – P. J. Achtemeier (eds.), Interpreting the Prophets (Philadelphia, PA: Fortress Press, 1995) 215-236.

Grumbles, D. N., YHWH Is There: Ezekiel's Temple Vision as a Type (Eugene, OR: Wipf & Stock, 2021).

Haran, M., *Temples and Temple Service in Ancient Israel. An Inquiry into the Character of Cult Phenomena and the Historical Setting of the Priestly School* (Oxford: Clarendon, 1978). Reprinted with corrections and a slightly modified title: Temples and Temple Service in Ancient Israel. An Inquiry into Biblical Cult Phenomena and the Historical Setting of the Priestly School (Winona Lake, IN: Eisenbrauns, 1985 [second reprint 1995]).

------, "The Law Code of Ezekiel XL-XLVIII and its Relation to the Priestly School", HU*CA* 50 (1979) 45-71.

------, "Ezekiel, P, and the Priestly School", *VT* 58 (2008) 211-218.

Hiebel, J. M., Ezekiel's Vision Accounts as Interrelated Narratives: A Redaction-Critical and Theological Study (BZAW 475; Berlin: De Gruyter, 2015) 171-213.

Hullinger, J. M., "The Problem of Animal Sacrifices in Ezechiel 40-48", *BSa*c 152 (1995) 279-289.

------, "The Divine Presence, Uncleanness, and Ezekiel's Millennial Sacrifices", BSac 163 (2006) 405-422.

------, "The Function of the Millennial Sacrifices in Ezekiel's Temple, Part 1", in *BSac* 167 (2010) 40-57.

-------, "The Function of the Millennial Sacrifices in Ezekiel's Temple, Part 2", *BSac* 167 (2010) 166-179.

Hunt, A., Missing Priests: The Zadokites in Tradition and History (LHB/OTS 452; London: T & T Clark International, 2006), esp. 124-143.

Hwang, S., " נשיא in Ezekiel 40-48", *SJOT* 23 (2009) 183-194.

Joyce, P. M., "Temple and Worship in Ezekiel 40-48", in J. Day (ed.), Temple and Worship in Biblical Israel. Proceedings of the Oxford Old Testament Seminar (LHB/OTS 422; London: T & T Clark 2006) 145-163.

------, "On Earth as It Is in Heaven: Heavenly and Earthly Temple in Ezekiel 40-48", in T. Ganzel – S. E. Holtz (eds.), Contextualizing Jewish Temples (The Brill Reference Library of Judaism, 64; Leiden: Brill, 2021) 123-139.

Kasher, R., "Anthropomorphism, Holiness and Cult: A New Look at Ezekiel 40-48", ZAW 110 (1998) 192-208.

Kilchör, B., *Wiederhergestellter Gottesdienst: eine Deutung der zweiten Tempelvision Ezechiels (Ez 40-48) am Beispiel der Aufgaben der Priester und Leviten* (HBS 95; Freiburg im Breisgau: Herder, 2020).

Kim, S. J., "Yhwh Shammah: The City as Gateway to the Presence of Yhwh", *JSOT* 39.2 (Dec. 2014) 187-207.

------., "Ashamed before the Presence of God: Theological Contexts of Shame in the Book of Ezekiel", in M. A. Sweeney (ed.), *Theology of the Hebrew Bible, Volume 1: Methodological Studies* (SBLRBS 92; Atlanta, GA: SBL Press, 2019) 213-244.

Klein, R. C., "Reconciling the Sacrifices of Ezekiel with the Torah", JBQ 43 (2015) 211-222.

Koch, C., "Vorstellungen von Gottes Wohnort im Ezechielbuch", in J. C. Gertz – C. Körting – M. Witte (eds.), *Das Buch Ezechiel: Komposition, Redaktion und Rezeption* (BZAW 516; Berlin: De Gruyter, 2020) 207-232.

Konkel, M. D., Architektonik des Heiligen. Studien zur zweiten Tempelvision Ezechiels (Ez 40-48) (BBB 129; Berlin: Philo, 2001).

------, "Die Gola von 597 und die Priester. Zu einem Buch von Thilo Alexander Rudnig", *ZABR* 8 (2002) 357-383.

------, "Die zweite Tempelvision Ezechiels (Ez 40-48). Dimensionen eines Entwurfs", in O. Keel – E. Zenger (eds.), *Gottesstadt und Gottesgarten. Zu Geschichte und Theologie des Jerusalemer Tempels* (QD 191; Freiburg: Herder, 2002) 154-179.

------, "Paradies mit strengen Regeln. Die Schlussvision des Ezechielbuches (Ez 40-48)", BK 60 (2005) 167-172.

------., "The System of Holiness in Ezekiel's Vision of the New Temple (Ezek 40-48)", in C. Frevel – C. Nihan (eds.), *Purity and the Forming of Religious*

Traditions in the Ancient Mediterranean World and Ancient Judaism (Dynamics in the History of Religions, 3; Leiden: Brill, 2013) 429-455.

Leveen, A., "Returning the Body to Its Place: Ezekiel's Tour of the Temple", HTR 105 (2012) 385-401.

Levenson, J. D., *Theology of the Program of Restoration of Ezekiel 40-48* (HSM 10; Missoula, MT: Scholars, 1976).

Liss, H., "Describe the Temple to the House of Israel': Preliminary Remarks on the Temple Vision in the Book of Ezekiel and the Question of Fictionality in Priestly Literatures", in E. Ben Zvi (ed.), *Utopia and Dystopia in Prophetic Literature* (Publications of the Finnish Exegetical Society, 92; Helsinki: The Finnish Exegetical Society; Göttingen: Vandenhoeck & Ruprecht, 2006) 122-143.

Lux, R., "Das neue und das ewige Jerusalem. Planungen zur Wiederaufbau in frühnachexilischer Zeit", in S. Gillmayr-Bucher – A. Giercke – C. Niessen (eds.), Ein Herz so weit wie der Sand am Ufer des Meeres: Festschrift für Georg Hentschel (Erfurter Theologische Studien, 90; Würzburg: Echter, 2006) 255-271. Reprinted [same title] in R. Lux, Prophetie und Zweiter Tempel: Studien zu Haggai und Sacharja (FAT 65; Tübingen: Mohr Siebeck, 2009) 86-101.

Lyons, M. A., "Envisioning Restoration: Innovations in Ezekiel 40-48", in E. R. Hayes – L.-S. Tiemeyer (eds.), 'I Lifted My Eyes and Saw': Reading Dream and Vision Reports in the Hebrew Bible (LHB/OTS 584; London & New York: Bloomsbury T&T Clark, 2014) 71-83.

Maier, J., "Die Hofanlagen im Tempel-Entwurf des Ezechiel im Licht der 'Tempelrolle' von Qumran", in J. A. Emerton (ed.), Prophecy. Essays Presented to Georg Fohrer on his Sixty-Fifth Birthday, 6 September 1980 (BZAW 150; Berlin: De Gruyter, 1980) 55-67.

------, "The Temple Scroll and Tendencies in the Cultic Architecture of the Second Commonwealth", in L. H. Schiffman (ed.), *Archaeology and History in the Dead Sea Scrolls*. The New York University Conference in Memory of Yigael Yadin (JSPSup 8; Sheffield: JSOT Press, 1990) 67-82.

Milgrom, J., "The Unique Features of Ezekiel's Sanctuary", in N. S. Fox – D. A. Glatt-Gilad – M. J. Williams (eds.), Mishneh Todah: Studies in Deuteronomy and Its Cultural Environment in Honor of Jeffrey H. Tigay (Winona Lake, IN: Eisenbrauns, 2009) 293-305.

Nevader, M., "Picking Up the Pieces of the Little Prince: Refractions of Neo-Babylonian Kingship Ideology in Ezekiel 40-48?", in J. Stökl – C. Waerzeggers (eds.), *Exile and Return: The Babylonian Context* (BZAW 478; Berlin: De Gruyter, 2015) 268-291.

Niditch, S., "Ezekiel 40-48 in a Visionary Context", *CBQ 48* (1986) 208-224.

Nielsen, K., "Ezekiel's Visionary Call as Prologue: From Complexity and Changeability to Order and Stability?", *JSOT* 33.1 (Sept. 2008) 99-114.

Nobile, M., "Ez 38-39 ed Ez 40-48: i due aspetti complementari del culmine di uno schema cultuale di fondazione", Anton 62 (1987) 141-171. Reprinted in his Saggi su Ezechiele (Spicilegium 40; Roma: Edizioni Antonianum, 2009) 63-92.

O'Hare, D. M., "Innovation and Translation: Hellenistic Architecture in Septuagint Ezekiel 40-48", BIOSCS 42 (2009) 80-94.

------, Have You Seen, Son of Man? A Study of the Translation and Vorlage of LXX Ezekiel 40–48 (SBLSCS 57; Atlanta, GA: Society of Biblical Literature; Leiden: Brill, 2010).

Peterson, B. N., "Ezekiel's Rhetoric: Ancient Near Eastern Building Protocol and Shame and Honor as the Keys in Identifying the Builder of the Eschatological Temple", *JETS* 56 (2013) 707-731.

Rooke, D., "Urban Planning according to Ezekiel: The Shape of the Restored Jerusalem", in J. K. Aitken – H. F. Marlow (eds.), *The City in the Hebrew Bible: Critical, Literary and Exegetical Approaches* (LHB/OTS 672; London & New York: Bloomsbury T&T Clark, 2018) 123-143.

Rudnig, T. A., *Heilig und profan. Redaktionskritische Studien zu Ez 40-48* (BZAW 287; Berlin: De Gruyter, 2000).

Schmitt, J. W. – J. C. Laney, Messiah's Coming Temple. Ezekiel's Prophetic Vision of the Future Temple (Grand Rapids, MI: Kregel, 1997).

Sharon, D. M., "A Biblical Parallel to a Sumerian Temple Hymn? Ezekiel 40-48 and Gudea", *JANES* 24 (1996) 99-109.

Simon, B., "Ezekiel's Geometric Vision of the Restored Temple: From the Rod of his Wrath to the Reed of his Measuring", *HTR* 102 (2009) 411-438.

Smith, J. Z., *To Take Place. Toward Theory in Ritual* (Chicago Studies in the History of Judaism; Chicago: University of Chicago Press, 1987), esp. 47-73.

Stevenson, K. R., *The Vision of Transformation: The Territorial Rhetoric of Ezekiel 40-48* (SBLDS 154; Atlanta, GA: Scholars, 1996).

Strange, J., "Architecture and Theology", SEÅ 54 (1989) 199-206.

Strong, J. T., "Grounding Ezekiel's Heavenly Ascent: A Defense of Ezek 40-48 as a Program for Restoration", *SJOT* 26 (2012) 192-211.

Sweeney, M. A., "Form and Coherence in Ezekiel's Temple Vision", in his Reading Prophetic Books: Form, Intertextuality, and Reception in Prophetic and Post-Biblical Literature (FAT 89; Tübingen: Mohr Siebeck, 2014) 233-250.

Thromas, A., "Ézéchiel 40-48 : le modèle céleste du temple", in M.-L. Chaieb – J. Roux (eds.), *Quand Dieu montre le modèle: interprétations et déclinaisons d'un motif biblique* (Bibliothèque des religions du monde, 4; Paris: Honoré Champion, 2016) 111-132.

Tuell, S. S., "The Temple Vision of Ezekiel 40-48: A Program for Restoration*?", Proceedings of the Eastern Great Lakes and Midwest Biblical Society* 2 (1982) 96-103.

------, *The Law of the Temple in Ezekiel 40-48* (HSM 49; Atlanta, GA: Scholars, 1992).

------, "Ezekiel 40-42 as Verbal Icon," *CBQ* 58 (1996) 649-664.

Vogt, E., "Aufbau und Grundbestand der Tempelvision Ez 40-48", in his Untersuchungen zum Buch Ezechiel (*AnBib 95*; Rome: Biblical Institute Press, 1981) 127-175.

Vries, P. de, "The Relationship Between the Glory of YHWH and the Spirit of YHWH in Ezekiel 33-48", *OTE* 28 (2015) 326-350.

Zimmerli, W., "Planungen für den Wiederaufbau nach der Katastrophe von 587", VT 18 (1968) 229-255; = [same title], in W. Zimmerli, *Studien zur alttestamentlichen Theologie und Prophetie: Gesammelte Aufsätze* II (TB 51;

München: Kaiser, 1974) 165-191; = "Plans for Rebuilding after the Catastrophe of 587", in W. Zimmerli, I Am Yahweh. Edited by and introduction by W. Brueggemann (Atlanta, GA: John Knox Press, 1982) 111-133.

5. *Daniel*

Baldwin, J.C., *Daniel: An Introductory Commentary* (Tyndale Old Testament Commentary, Grand Rapids, MI: W.B. Eerdmans, 1978).

Carrière, Jean-Marie, « Contexte et enjeux du livre de Daniel ». *L'Apocalyptique* (Session pluridisciplinaire. Sèvres.), Paris, Médiasèvres, « Travaux et Conférences du Centre Sèvres 23 », (1991) : 53-70.

Collins, J.J., *Daniel* (Hermeneia; Minneapolis, MN: Augsburg – Fortress Press, 1993).

Delcor, M, *.Le livre de Daniel* (ÉB; Paris: J. Gabalda, 1971).

Goldingay, J.E., *Daniel* (WBC 30; Dallas, TX: Word Books, 1989).

Hartman, L.F. – A.A. Di Lella, *Daniel* (AB 23; Garden City, NY: Doubleday, 1978).

Koch, K., *Daniel: Kapitel 1,1 – 4,34* (BKAT 22.1; Neukirchen-Vluyn: Neukirchener Verlag, 2005).

LaCocque, A., *Le livre de Daniel* (CAT 15b; Neuchâtel – Paris: Delachaux et Niestlé, 1976) = *The Book of Daniel* (London: SPCK, 1979).

Lüdy, J.H., *Daniel, Baruc, Carta de Jeremías. Texto y comentario* (El mensaje del Antiguo Testamento 15; Madrid: Atenas, 1995).

Marconcini, B., *Daniele. Nuovo versione, introduzione e commento* (Milano: Paoline, 2004).

Newsom C.A.- Breed, B., *Daniel: A Commentary* (OTL; Louisville, KY: Westminster John Knox, 2014).

Plöger, O., *Das Buch Daniel* (KAT; Gütersloh: G. Mohn, 1965).

Porteous, N.W., *Daniel* (OTL; London: SCM, 1979) = *Das Buch Daniel* (ATD 23; Göttingen: Vandenhoeck & Ruprecht, 1978).

Settembrini, M., *Daniele. Introduzione, traduzione e commento* (Nuova versione della Bibbia dai testi antichi 26; Cinisello Balsamo [Milano]: San Paolo, 2019).

Towner, W.S., *Daniel* (Interpretation: A Bible Commentary for Teaching and Preaching; Atlanta, GA: John Knox, 1984) = *Daniele* (Strumenti – Commentari 37; Torino: Claudiana, 2007).

Collins, J.J. –. Flint P.W (eds.), *The Book of Daniel: Composition and Reception* (VTS 83,1-2; Leiden: Brill, 2001).

DiTommaso, L., *The Book of Daniel and the Apocryphal Daniel Literature* (Studia in Veteris Testamenti Pseudepigrapha 20; Leiden: Brill, 2005).

Holm, T.L., *Of Courtiers and Kings: The Biblical Daniel Narratives and Ancient Story-Collections* (Explorations in Ancient Near Eastern Civilizations 1; Winona Lake, IN: Eisenbrauns, 2013).

Van der Woude A.S (ed.), *The Book of Daniel in the Light of New Findings* (BETL 106; Leuven: Peeters, 1993)

6. Dictionnaires

Brepols (ed.), « Agneau », *Petit Dictionnaire Encyclopédique de la Bible,* (Paris 1996).

Carrez, Maurice-François, Morel, «κρατωρ », *Dictionnaire Grec-Français du Nouveau Testament* (Paris 1991).

Dufour, L. Xavier,– Duplacy Jean et als, « Yahvé », *Vocabulaire de théologie biblique* (Paris 2013).

Raymond, Philippe «כבד», *Dictionnaire d'Hébreu et d'Araméen Biblique* (Paris 1991).

------, « λύχνος », *Dictionnaire d'Hebreu et d'Araméen biblique* (Paris 1991).

------, « כָּבֵד », *Dictionnaire d'Hébreu et d'Araméen bibliques* (Paris 1991):173.

7. Anhtropologie

Bachelard, G., *L'eau et les rêves. Essai sur l'imagination de la matière* [1942], (Paris 1983).

Berque, A., *Être humains sur la terre. Principes d'éthique de l'écoumène* (Paris 1996.

Cézar Enia, « Glaube, Opfer und Wiederholung : Die "Unerkennbarkeit des Wunders" im Kampf des Glaubens gegen das Böse bei Søren Kierkegaard », *Niels Jørgen Cappelørn, Hermann Deuser, Jon Stewart* (Berlin, New York 2004): 496-524.

Champeaux (de), Gérard-Steckx, dom Sébastien, *Introduction au Monde des Symboles* (Paris 1972).

Claudel, P., « Jules ou l'homme-aux-deux-cravates », *Œuvres en prose* (Bibliothèque de la Pléiade ; Paris 1965).

Deléage, J.-P., *Une histoire de l'écologie* (Paris 1991).

Eliade, M., *Traité d'histoire des religions* (Paris 1949).

Ganne, P., *Claudel: humour, joie et liberté* (Genève, Éditions 2012).

Husserl, E., « L'arche-originaire », *La Terre ne se meut pas* (Paris 1989).

Maldiney, Henri, *Ouvrir le rien. L'art nu* (Paris 2000).

Méheust, B., *La politique de l'oxymore. Comment ceux qui nous gouvernent nous masquent la réalité du monde* (Paris 2009).

Mircea, Eliade, « Origine et diffusion de la civilisation », *Critique*, 3 (1948) 908.

------, *Images et symboles* (Paris 1952).

Perrot, M. (dir.), *L'eau, mythes et réalités*, actes du colloque organisé à Dijon du 18 au 21 novembre 1992 (Dijon 1994).

Pierron, Jean-Philippe *et als, Repenser la nature. Dialogue philosophique, Europe, Asie, Amériques* (Laval 2012).

-------, « Les imaginaires de l'eau », *L'eau à découvert* (Paris 2015).

-------, *Éthique, Politique, Religions* intitulé : *Prendre soin de la nature et des hommes* (Paris 2013).

------, *Penser le développement durable* (Paris 2009),

-------, *Vulnérabilité. Pour une philosophie du soin*, (Paris 2010).

Reno, « Eliade's Progressionnal View of Hierophanies », *Religious Studies*, 8 (1972) : 153-160.

Ricœur, P., *Finitude et culpabilité* (Paris 1960).

Ricœur, P., *Soi-même comme un autre*, Paris, Seuil (Points Essais), 1990, p. 178 ; voir également la revue *Écologie et politique*, 7, juin 1993.

Roger A.,et al (dir.), *Maîtres et protecteurs de la nature* (Paris 1991).

------, « Maîtres et protecteurs de la nature. Contribution à la critique d'un prétendu "contrat naturel" »,

Stephen J. Reno, « Hiérophanies, symboles et expériences », *Mircea Eliade* (Paris 1978) : 125.

Thomasset, A, *Paul Ricœur. Une poétique de la morale* (Louvain 1996).

White, L. Jr., « The Historical Roots of our Ecological Crisis », *Science* 10/03 (1967): 1203-1207.

Wunenburger, J.-J., *Le sacré* (Que sais-je ; Paris (1912), 2009).

8. *Femme à l'aurore d'un monde de paix durable*

Bideaux, Clémence, « Du féminisme de la 3ème vague », Consulté le 18 03 2023 (1-3) (http://www.cs3r.org/ [archive]) 1-3.

Bourge Jean-Raphaël, « SOS Papa et autres masculinistes : l'antiféminisme comme raison d'être », *L'OBS Le Plus*, 25 février 2013).

Debarbieux ,Éric), *Les dix commandements contre la violence à l'école*, (Paris 2008) 78.

Énia, César, « la dimension historique du sacré et de la hiérophanie selon Mircea Eliade », *Érudit* 15/03 (2007) 1-3.

Gabard, Jean, *Le féminisme et ses dérives. Du mâle au père contesté* (Paris 2006) 117-119.

Gérard, Angélique, *Pour la fin du sexisme!*, Editions Eyrolles, (Paris 2019).

Hanisch, Carol, « The Personal Is Political », *Notes from the Second Year: Women's Liberation in 1970* (New York 2006 -1970-).

Lanctôt, Aurèlie, « Les «dérives» d'un certain féminisme, vraiment ? ». L'actualité 12/03 (2015) 1.

Mila, Mélissa, « Analyse de la dérive inquiétante du féminisme ». Le Club de Médiapart 08/08 (2022) 1- 2.

Millett, Kate, *Sexual politics* (La Politique du mâle). (Paris 2020 -2007 ; -1970-).

Polony. Natacha, « Natacha Polony s'inquiète des dérives "d'une partie du féminisme". *RTL* 09/03 (2020):1.

Reid. Michel, « Les désolantes dérives du mouvement féministe ». *La Presse* 10 /03 (2016) 1-2.

Relais de Sénart- l'IRIS, *Violence envers les femmes. Enjeux politiques, scientifiques et institutionnels. Actes du colloque 26 février 2013* (Paris 2013).

Table des matières

Introduction Generale..6

1. Présentation du texte...7

   1.1 Délimitation du texte 8

   1.2 Le texte grec 9

   1.3 Traduction...10

   1.4. Structure 11

2. Portée théologique..14

   2.1 Le Tout-Puissant et Glorieux: source de sécurité et de santé..................15

   2.2 portée christologique..21

   2.3 Pneumatologie: Eau de vie (ποταμὸν ὕδατος ζωῆς) 27

   2.4 Sotériologie et ecclésiologie 36

3. Portée anthropologique...42

   3.1 Personne humaine et relationalité avec l'Absolu et les hiérophanies 42

   3.2 Relationalité avec le cosmos 44

   3.3 Relationalité avec la société 47

   3.4 Relationalité avec soi-même 49

   3.5 Relationalité et hiérophanies 51

4. De la guerre à la paix durable: urgence d'une géopolitique multipolaire 61

   4.1 L'Apocalypse et le biocentrisme géopolitique 62

   4.2 Is 2,4 et Ap 21,26 : De la guerre à la solidarité multipolaire...66

   4.3 Du fleuve de feu au fleuve d'eau vive pour une messianité multipolaire (Dn 7,9-11 et Ap 22,1-3)...70

   4.4 Le rôle discret des pouvoirs religieux 73

   4.5 L'urgence de la sécurité alimentaire pour tous...............................75

   4.6 La primauté de la sécurité sanitaire biologique pour tous........76

5. La femme, humanité nouvelle à la reconquête de la paix durable..79

   5.1 Les dérives du féminisme...80

   5.2 La femme pour protéger la vie et la paix..83

   5.3 La femme, aux antipodes des puissances de guerre et de conflits 87

   5.4 Femme secours de l'humanité en crise 88

Conclusion..89

Printed by Books on Demand GmbH, Norderstedt / Germany